Der reifen Frau gehört die Welt
Eine Realsatire

Helga Baumgärtner

DER REIFEN FRAU GEHÖRT DIE WELT

EINE REALSATIRE

GATZANIS Erlebnis

Die Autorin Helga Baumgärtner, geboren 1939 in Mähren lebt seit 1950 in Esslingen. Sie hat die mittlere Reife abgeschlossen und eine kaufmännische Ausbildung absolviert. Frau Baumgärtner ist verheiratet, hat 2 Söhne und 2 Enkelkinder. Insgesamt kann sie zudem auf 37 Berufsjahre zurückblicken.

Originalzitat Frau Baumgärtner:
»Zwischen den Zeilen steckt der Rat, mutig aus dem Schatten jahrhundertalter Verhaltensmuster heraus zu treten, wenn es darum geht, eigene Wünsche und Vorstellungen durchzusetzen.«

Deutsche Erstausgabe
© Gatzanis Verlags-GmbH, Stuttgart 2000/2001

Illustrationen: Wolfgang Melzer

Visuelles Konzept und Gestaltung:
linea gestaltung, Wolfgang Steidle, Stuttgart

Lektorat: Peter Krämer, Stuttgart

Schrift: ITC Slimbach, GST Polo

Gesamtherstellung: LANADRUCK, München

Alle Rechte vorbehalten, auch die der fotomechanischen und elektronischen Wiedergabe sowie der Übersetzung, auch einzelner Teile.
Printed in Germany
ISBN: 3-932855-04-3

»Was darf Satire«
fragte Kurt Tucholsky und gab auch gleich die Antwort:
»Alles«

Inhalt

1. Bestandsaufnahme — 13
- Zeiteinteilung ist willkürlich
- Worterklärung – Sinnerklärung – Beispiel
- Menopause – die Gleichgeschlechtliche

2. Von Karriere- und anderen Zusammenbrüchen — 28
Oder: Sand im Getriebe der Jobmaschine
- Vergelt's Gott
- Computerkenntnisse erforderlich
- Der weibliche Herkules
- Erfahrung hat Vorfahrt
- Geld stinkt nicht
- Grundgesetz mit Schluckauf

3. Sie und Er und Vibrationen — 53
- Ungehorsam ist die schlimmste Plage
- »Soll ich am Staub der Geometrie hängen bleiben?«
- Amouröse Spritztour nach Utopia
- »Bei Liebeshändeln sollten sie alte Frauen vorziehen«
- Der Ruheständler an ihrer Seite
- Tag des Zorns

4. Im Zickzackkurs durch den Alltag — 71
- Neue Heldinnen – Frauen über 50
- Flucht ins Narrenkleid
- Reisen bildet
- Safer Sex und Softeis
- Übungsgegner für Nahkampf-Training
- Halali auf deutschen Autobahnen
- »Bitterer als der Tod ist das Weib«
- Die Sterne lügen nicht

5. Gesundheitsbulletin 99
- Unheiliger Äskulap, steh' uns bei!
- Früher nannte man sie die Zipperlein
- Stroh im Kopf
- »Hurra, ich bin alt!« – Die Depression hält allem stand

6. Guter Rat im Dutzend billiger 115
- Professor Quatschnie hält Sprechstunde
- Kampf den Verfallserscheinungen
- Schlank werden im Schlaf!
- Synapsenschwäche und heimliche Tröster

7. Nostalgie 128
- Der Wolf und die sieben Greislein
- Im Rückwärtsgang zur Quelle der Reife
- Klassentreffen

7. Stammtischpalaver ohne Ende 137
    Der REIFEN FRAU gehört die Welt?

Wer schreibt sündigt nicht.
Und wer sündigt schreibt besser?
Schreiben – der stille und unauffällige Zwilling des Urschreis.
Schreiben als Therapie, als Überlebenshilfe, als Mittel der Problembewältigung, eine Möglichkeit Ängste, Alpträume und Alltag hinter sich zu lassen. Das sagen die Therapeuten und die müssen es schließlich wissen.
Aus der kostenlos beigefügten Wochenendbeilage der Tageszeitung schreit es reißerisch: »Möchten Sie schreiben lernen?« auf der Seite, die abwechselnd fragt: »Möchten Sie sich verlieben?« oder »Welche von diesen 27 Sprachen möchten Sie bereits nach 6 Monaten frei sprechen?« oder »Blähbauch – Völlegefühl – überflüssiges Fett? Möchten Sie es loswerden?«
Warum eigentlich nicht? frage ich mich und meine das Schreiben lernen. Ich habe einen Traum: Von den Sudelbüchern zur großen Form. Ein flankierendes: »Sie retteten mich vor dem Aufgeben...« und »Schreiben macht Ihr Leben reicher« gibt den Ausschlag. Zaghaft frage ich mich, ob der Verlust von Gehirnfunktion den Wunsch nach Schreibfertigkeit rechtfertigt?
Da ich weder Germanistik, Anglistik, Romanistik noch Philosophie oder Kunstgeschichte studiert habe, über länger zurückliegende Entschuldigungsschreiben für die Schule hinaus literarisch nicht in Erscheinung getreten bin, lerne ich wieder, dass dasselbe und das gleiche nur scheinbar das gleiche ist aber eben nicht dasselbe.
Kaum habe ich mich mit der Materie ein wenig vertraut gemacht, da brodelt und sprudelt es, die Worte erbrechen sich in den Computer, dessen Umgang ich mit eines Langmütigen Hilfe doch noch gelernt habe. Eruption folgt auf Eruption und selbst die Nachbeben fördern noch eine Unmenge Worthülsen zu Tage. Die Festplatte ist nicht wählerisch.
Ich beginne mit einem einfachen, überschaubaren Stoff. Ich schreibe ein Drehbuch für einen Waschmittelfilm. Den Ort der Handlung verlege ich in eine Waschküche mit direktem Ausgang ins Freie. Ich lasse die makellos geschminkte Hauptdarstellerin mit der Grazie einer Weinkönigin Waschpulver in die Einfüllkammer schütten, gestatte der Wäschebezwingerin dabei zu strahlen, als würde sie auf der Grünen

Woche dem Bundespräsidenten ein Glas heimatlichen Trollingers kredenzen. Lasse sie die porentief rein gewaschene Wäsche aus der Maschine holen, mit dem Siegerlächeln einer EU-Kommissarin, der man gerade einen Fünfjahresvertrag angeboten hat. Beim Zusammenlegen der Pure-Cotton-Unterhosen müssen die Hände des Wäschestars, exakt so lege ich es im Drehbuch fest, über die Stücke streicheln, als wären sie aus kostbarem Brokat. Berauscht von der Macht einer Bestimmerin, steigere ich die Handlung, indem ich der Hauptdarstellerin die Möglichkeit gebe, die mit Megakraft super sauber gewaschenen Jeans ihrer kleinen saubärenzuckersüßen Plagegeister mit einem Lächeln in die Kamera zu halten, das die vollste Zufriedenheit über das vollbrachte Tagwerk ausdrückt. Ich glaube, mit diesem Abriss den Produzentengeschmack getroffen zu haben.

So schnell wie das Manuskript zurückkommt, kann es nicht einmal die Schwelle zum Vorzimmer des Lektorats passiert haben. Totgeburt. Abgelehnt.

Ich lasse mich nicht entmutigen, steigere mich sogar und schreibe einen Roman. Ich greife den Stoff mitten aus dem pulsierenden Leben und verlege die Handlung in das Einzimmerappartement einer Alleinerziehenden mit zwei Kindern, die den Vater der Kinder vor die Türe gesetzt hat, weil er ständig »mein« und »dein« verwechselte. Einer der das Glaubensbekenntnis in altkapitalistischem Ritus betete: »Mein Haus, mein Auto, mein Geld« und »deine Kinder, dein Haushalt, dein Problem«. Da die Akteurin nicht am Euter der Staatskuh saugen will, muss sie sich mit Vorgesetzten herumschlagen, die kein Verständnis für ihre ständige Angst und Sorge um die Kinder haben, und so kämpft sie mit Beschäftigungen, die schlecht sitzen wie ein ausgeborgtes Kleidungsstück, und schlägt sich mit staatlichen Kinderbetreuungsinstitutionen herum, deren Öffnungszeiten sie das Fürchten lehren.

Ich klaue einen Titel und nenne mein Opus: »Der Gang vor die Hunde.« Abgelehnt. Die Leserschaft hat das Gejammer über altvertraute Schlappen satt. Wer will schon Dinge lesen, die jeden Tag getätigt, erlebt, und erduldet werden? Das wäre ja genau so, als wolle man Verhungernden die Lektüre von Kafkas Novelle »Der Hungerkünstler« als Stimulans empfehlen.

Es tröstet mich fast gar nicht, dass die Schwestern Brontë auch erst posthum zu Leserinnen fanden. Denn es ist ganz und gar ungewiss, ob sie von den späten Ehren profitieren können. Über den ewigen Aufenthaltsort kursieren widersprüchliche Gerüchte, je nachdem, von welcher Etage gesprochen wird. Vor allem was das Souterrain angeht, ist viel von Heulen und Zähneklappern die Rede. Selbst für Rheuma und Arthrose muss die ewige Hitze eines Tages zu viel werden. Deswegen lieber im hier und heute...

Aber die »Abgelehnt« stehen mit vorwurfsvollem Gesicht herum, lungern über der Tastatur und beschlagen die Brillengläser. Von ihnen in die Enge getrieben, schaue ich mich um, welche Titel den Büchermarkt beleben und verliere ein wenig den Mut.

Denn leider gehöre ich nicht zu den VIP's, die mit der nie versagenden Trumpfkarte voyeuristischer Leser verraten können, dass dieser Prominente übelriechenden Achselschweiß verbreitet, und jener bei faire l'amour die Socken anbehält und ein dritter in Augenblicken höchster Ekstase »lieb's Herrgöttle von Biberach« ruft.

Leider auch hindert mich mein Schamgefühl daran, Obszönes so aufzubereiten, dass es zwar noch Pornographie bleibt, aber nicht mehr so genannt wird, vielmehr zu Literatur aufsteigt. Sobald ich auch nur darüber nachzudenken beginne, wie die harten Dinger, die wirklich unglaublich scharfen Sachen darzustellen wären, steigt mir die Schamröte ins Gesicht. Vermutlich geht das Schamgefühl bei den Verbaldarstellern der unglaublich harten Details rechtzeitig stiften. Oder es hat seinen Sitz in den Schamhaaren und wird mit diesen ausrasiert, wie ich beim Anblick einiger meiner jungen, knackigen Schwestern denken muss, die sich mit einer erstaunlichen Problemlosigkeit bei der Sache an sich exhibitionieren. Und für die ich mich ziemlich schäme, weil Herz und Kopf statt des Körpers als Status dem gewünschten Nebeneinander ein Erkleckliches mehr brächten.

Dieses eine Mal will ich mich nicht unterkriegen lassen. Ich gebe die Hoffnung nicht auf, den dichterischen Befreiungsschlag landen zu können. Ich schaue dem Zeitgeist aufs Maul und schieße aus der Hüfte, mit all der Deutlichkeit, derer ich fähig bin. Ich breche Tabus und formuliere Buchtitel, denen ich viele, einfühlsame Worte folgen lasse.

»Der Kuss des Ziehharmonikamundes.« – Hocherotische Darstellung der Kraft hinter entsafteten Lippen. Abgelehnt.

»Hängebrücke – Hängebrüste.«
– Physik und Biologie in wissenschaftlichem Vergleich. Abgelehnt.

»Die Poesie eines verblühenden Hinterns.«
– Stationen des Schmerzes auf dem Weg zurück in die Windeln. Abgelehnt.

Ich habe leider, lügen hilft nichts, überhaupt kein Talent zur Kultfigur. Leider auch bin ich keine Größe im Showbusiness, die über Gott und die Welt veröffentlicht schwatzen darf und wo allein der Name des Plauderers den Absatz garantiert und leider auch keine Politikerin, die Memoiren auf den Markt zu werfen hat. Und letztlich – Gott sei's geklagt – besitze ich nicht die freche Frische friesischen Frühlings, die als Umschlagbild, so scheint es, größere Marktchancen garantiert als Inhalte.
Eine Genugtuung wird mir zuteil. Ich werde die Nummer Eins – im Verzeichnis der unveröffentlichten Manuskripte. Da ich mich nicht eines vorzeitigen Aufgebens schuldig machen will, das gern unterstellt wird, gehe ich zu den Verlagen über, die ihre Dienste unter der Überschrift: »Sie schreiben, wir lektorieren« anbieten und studiere etwas benommen Verlagsverträge mit Druckkostenzuschuss und Honorarverzicht. Ich wende mich an Agenturen und lese Vermittlungsverträge, in denen die Agentur alle Rechte hat und die Autorin keine. Da tönt aus der Geschichte ein Ruf wie Donnerhall: Die Abschaffung der Sklaverei fand am 18.12.1865 unter Abraham Lincoln Eingang in die Verfassung der U.S.A.
Und in die deutsche? Aha.
Abgelehnt. Diesmal von mir.
Kurz vor dem Aufgeben fällt mir die Ermunterung Heinrich Bölls ein, man solle ein Manuskript so lange fortschicken, wie das Porto reicht. Und schließlich klappt es dann doch. Eine Verlegerin.

Bei jährlich ungefähr neunzigtausend Neuerscheinungen und dreihunderttausend Nichterscheinungen muss ganz offen von Überproduktion gesprochen werden. Es steht gar zu befürchten, dass nach dem Muster der Renteneinzahler und -bezieher, eine Schreiberpyramide sich bildet mit dem einsamen Leser an der Spitze. Und der Ruf nach Subventionen wird laut. Für solche Fälle hat der Staat das passende Konzept, wie das Beispiel der Getreideüberproduktion zeigt. Aufkaufen und ins Meer kippen.

1. Bestandsaufnahme

Ein grauer, regnerischer Morgen lungert vor den Fenstern herum, kommt unaufgefordert näher und – schwuppdiwupp – verschafft er sich Zutritt zu sämtlichen Räumen. Heimtückisch pirscht er sich an das Gemüt der Insassen heran, insbesondere an dasjenige von Frauen, bei denen die Tautropfen der Jugend bereits das Weite gesucht haben. Böswillige sagen zu dieser Phase im Leben einer Frau: der Lack ist ab – und lachen hämisch, verweisen womöglich noch darauf, dass die Frau ja bereits im Paradies vom HERRN mit dem großen Weiberfluch belegt wurde.

Infizierten ist zu raten, solch grässliche Langweiler zu ignorieren und die Sachlage erst mal eingehend zu prüfen. Und in der Tat, es gibt neben dem gesunden Menschenverstand eine Menge aufbauender Literatur zu diesem Thema. Beispielsweise Bücher in der Art von »Endlich über 40 – 50 – 60« (Susanna Kubelka) und »Die selbstbewusste, attraktive Frau« (Jane Fonda), »Hurra, ich bin alt« und noch mehr Aufjubelndes. Alle reden uns ein: Der reifen Frau gehört die Welt. Ein kurzes Staunen, kurzes Verharren in Ehrfurcht vor sich selbst – aber irgendwie wähnt sich die neugierige Leserin in der falschen Andacht. Auch wenn nur ein Bruchteil der lack- und tautropfenfreien Frauen Einsteins Relativitätstheorie versteht, kann gesagt werden, dass der Aussagegehalt des Spruchs: »Der reifen Frau gehört die Welt« relativ sein muss.

Zeiteinteilung ist willkürlich.

Und so stellt sich die Frage: Wann ist eine Frau eine reife Frau?

Ist eine Frau eine REIFE FRAU wenn

- es das Dezimalsystem vorschreibt?

- die Fleckentfernung mit kaltem Wasser eine rheumatische Erkrankung nach sich zieht?

- die Ausgaben für Rezeptgebühren die für Kosmetik übersteigen?

- der Aufenthalt in ärztlichen, zahnärztlichen, bewegungstherapeutischen Wartezimmern, den im heimischen Wohnzimmer übertrifft?

- sie sich bei einer ärztlichen Untersuchung nicht mehr ausziehen, sondern nur noch die Zunge zeigen muss?

- Halstücher und Schals nicht mehr nur schmückenden Charakter besitzen, sondern flächendeckende Funktionen übernehmen?

- für eine männliche Gefälligkeit statt eines kleines Lächelns ein großer Schein notwendig wird?

- das Kribbeln im Bauch sich nur noch als Blinddarmentzündung herausstellt?

- bei einer Reifenpanne der ADAC als einziger Kavalier auftritt?

- sie lieber an der Frisur spart als an Mohrenköpfen?

- sie von Männern übersehen wird wie eine Geschwindigkeitsbegrenzung?

- das Wort »Sportwagen« nur noch als Fortbewegungsmittel für Kleinkinder in den Mund genommen wird?

- die Stufenleiter abwärts Göttin, Halbgöttin, Exgöttin heisst?

- Altersflecken auf Händen und im Gesicht als Senioren-Tattoos neuen Marktwert bekommen?

- bei einer Verkehrskontrolle der Polizist sagt: Das ist doch der Führerschein Ihrer Tochter, haben Sie Ihren eigenen nicht dabei?

- das Leben, das kraftvoll und vorwärts drängend erschien, von einem starken Wind angetrieben, mit einem Mal vor sich hin dümpelt wie Brackwasser?

- sie ihre Sätze immer beginnt mit: Früher...

- in den Augen des Gesprächspartners die Befürchtung aufflackert, beim Gegenüber keine funktionstüchtige Synapse mehr anzutreffen?

Worterklärung – Sinnerklärung – Beispiel

Reife Frauen aller Länder vereinigt Euch. Denn gemeinsam sind wir – schwach. Ein Kartell der Hasenherzen. Das ist keine ganz befriedigende Illustrierung.

Deshalb stellen wir Fragen, wie Kinder sie stellen würden. In der Schule hieß es: Worterklärung, Sinnerklärung, Beispiel. Wir schlagen in Meyers Enzyklopädie das Adjektiv REIF nach. Wir finden: »Nach der Anthropologie stellt sich die menschliche Reife in jungen Jahren ein.«

Das kann es wohl nicht sein. Das Beiwort muss demnach der Botanik entliehen sein und dort werden wir aufgeklärt.
Wir lesen, wandern auf dem Großmarkt für Bioprodukte umher und stöbern in all den Reifegraden, die im Angebot sind. Es gibt die
- Vollreife
- Pflückreife (voller Geschmack, volle Ausfärbung, höchster Wert)
- Lagerreife (von Sorte und Art der Lagerung abhängig)
- Nachreife (während einer steuerbaren Lagerungszeit zur vollen Genussreife führend)
- Notreife (hervorgerufenes vorzeitiges Schrumpfen mit geringem Stärkegehalt)
- Totreife (hart, brüchig, Gefahr von Ernteverlusten)
  in allen Stadien aber genuss-, verwendungs- oder lagerungsfähig.

Staunenswert ist, dass auch Käse erst nach gebührender Lagerung würzig-mild und cremig-fest wird und nicht eher dieses entzückende Beiwort bekommt, mit dem er an Marktwert gewinnt, bis er voll ausgereift ist. Bei Weinbrand und Wein verhält es sich ähnlich. Und schon stellt das Adjektiv reif eine Gedankenverbindung zum »Verbrauchsdatum« her, was aber einer negativen Kennzeichnung entspricht, und zum »Mindesthaltbarkeitsdatum« als positivem Begriff. Beide Haltbarkeitsdaten teilen sich das Schicksal, stets mit Verfalldaten verwechselt zu werden, sind also ein Hinweis auf die Vergänglichkeit.
- Zeiteinteilung ist willkürlich

Und jetzt sind wir auf biologischem Niveau irritiert. Es gefällt uns nicht, irgendwo zwischen Pflück- und Notreife, wenn nicht gar bei Totreife eingeordnet zu werden. Da aber nichts die Neugier mehr erweckt als Fragmente, suchen wir weiter nach Interpretation.
Wir versuchen es mit der französischen Version, die uns besser gefällt: REIF – mur heißt phonetisch zugleich Mauer: Wir stellen uns eine schöne alte Steinmauer vor in den schier endlos sonnigen Tagen des Midi und sind wieder etwas versöhnt.
Eine Mauer, die man gerne anschaut, die mit jedem Jahr an Faszination gewinnt, die am Abend die tagsüber gestaute Hitze als milde Wärme abgibt. Eine Mauer, die zum Anlehnen einlädt, auf der sich

Schmetterlinge niederlassen, farbenprächtige Vögel ausruhen, Eidechsen sich anschmiegen und die rankenden Blumengewächsen Stütze gibt.
Ein magischer Ort, auch Sitz aller möglichen Geister und Gespenster und als Grenzbefestigung zugleich ein Instrument der Orientierung. Dem Besitzer ein Gefühl von Schutz gebend.

Fest steht: Eine Frau ist dann eine REIFE FRAU, wenn sie nicht mehr mit den Wimpern klimpert, sondern mit dem Verstand.
»Ich denke, also bin ich!« formulierte der Mathematiker und Philosoph René Descartes.
»Ich denke« beginnt vierhundert Jahre später fast jeder fast jeden Satz. Was dann folgt, hört sich oft weniger nach Gedachtem an.
»Die Frau denkt mit den Eierstöcken!« Muss solch eine Aussage Produkt des inflationären Denkens sein? Ein Etikett, das zäh und hartnäckig haftet wie der Eintrag »vorbestraft« im Klassenbuch des Lebens.
»Dummheit ist hoffnungslos und lebenslänglich« kontert die REIFE FRAU mit Ortega y Gasset. Sie erlaubt sich, nachdem die erwähnten Organe am Austrocknen sind, die Stätte des Denkens zurückzuverlagern zum ursprünglichen Austragungsort und macht sich auf die Suche nach den viel gepriesenen Vorteilen des ihr zugewiesenen Standes.

Die Gesetze des Stärkeren (oder: Machtausübung sticht Bürgerwohl).
Ungehalten schaut sie sich um und sieht Männer an Konferenztischen, Männer hinter Mikrophonen, Männer mit Handys, sich für die Größten haltend: Politik, Aufsichtsräte, Vorstände, Kirche, Medien, Musik, Malerei, Schriftstellerei – die Welt tickt männlich. Es wird mit Entschiedenheit und Risikobereitschaft regiert, umstrukturiert, mit Klarheit und Übersicht beschleunigt und abgewickelt – ohne störendes Weibergelaber. Schluss mit der Zeit der offenen Hoffnung, des besonnenen Aufbruchs und der Konsens suchenden Palaver.
Sorry – Geschlossene Gesellschaft. Es ist Männerzeit. Wie der Geist über den Wassern, schwebt unsichtbar, jedoch gut wahrzunehmen über der geschlossenen Gesellschaft der Denkspruch: »Wir möchten nicht, dass ihr das falsch versteht, aber wir sind froh, dass hier keine verdammten Weiber sind.«

»Frauen, die nicht dominieren, wirken sympathisch – vor allem auf Männer. Sie kommen nicht in die Quere, warten ab statt zu handeln, lächeln statt viel zu reden, sehen gefügig aus. Ihre Rangordnung ist klar: Du gehst voran, ich hinterher.«
(Julia Boenisch in der WELT am 10.1.1999)

Im »wertkonservativen« Familienleben sind Männer die Außenminister, nehmen mit Getöse auf ihren Sesseln Platz und schauen entschlossen in die Ferne. Die Frau wird flugs weg gelobt in das Innenministerium. Unter Ausschluss der Öffentlichkeit untersteht ihr die Umverteilung des Hausstaubes. Sie wird Verwalterin der unnützen Dinge für die optimale Nutzung von Schrankraum, ist hochverantwortliche Beschickerin von Wasch-, Spülmaschine und Trockner, treusorgende Hüterin des Nachwuchses. Sie hat uneingeschränkten Handlungsspielraum bei Logistikproblemen der Nahrungszufuhr und ist zudem zwischen Küche und Schlafzimmer vielseitig einsetzbar. Ihre Suche nach Identität – nicht als Frau eines Mannes, nicht als Mutter von Kindern, sondern nach ihrer ganz persönlichen – wird als egoistische Lebensphilosophie gebrandmarkt und endet in den schwarzen Löchern.

Die entspannende Funktion der Banalisierung greift nicht bei der REIFEN FRAU. Darf sie reden? Soll sie schweigen? Oder umgekehrt?
Es gibt kein Recht auf Gleichbehandlung im Irrtum.
Die Erde ist keine Scheibe und die Zeit des Feueranzündens mittels Blitzschlag ist endgültig vorbei. Alle Lebewesen, denen es nicht gelingt, sich veränderten Lebensumständen anzupassen, sind dem Untergang geweiht, wie das Beispiel des Sauriers zeigt.

Frauen, die Machiavelli nicht für einen Pizzadienst halten, fragen sich: Was läuft schief?
Schuld an der Fehlentwicklung müssen all die Architekten und Baumeister haben, die ihre Bürohäuser, öffentlichen Gebäude und auch manche Privatunterkunft nicht nach FENG-SHUI planen, der chinesischen Lehre vom Wind (Feng) und vom Wasser (Shui), die Ebbe und Flut, Nacht und Tag, Weibliches und Männliches, Kälte und Hitze glei-

chermaßen in sich aufnehmen und für Leben und Wohnen in Harmonie zuständig sind. Doch ohne das »Chi«, die kosmische Energie, die dem Universum das Leben einhaucht, läuft im Feng Shui gar nichts. Fließt das Chi frei, harmonisch und langsam durch die Räume, erlebt man den Büro-Alltag »freudvoller, gelassener und effektiver«. Feng Shui geht an die Grundlagen des Daseins.

Bei manchem Gebäude, würde es nach dem chinesischen Kompass vermessen, stellte sich vermutlich heraus, dass das energetische Maximum des Schwerpunkts auf der Herrentoilette liegt. Und zu breite Fensterfronten lassen wahrscheinlich den Chi-Strom ungehindert ins Freie fließen, der lustvoll Gleichstellungsparagraphen und Menschenrechte mit sich reißt.

Das »Chi« gerät überall dort in einen Stau, wo in der Bibel der Macht, genannt »Power« (von Robert Greene und Joost Elffers) gelesen wird. Achtundvierzig Gesetze der Macht zeigen die Spielregeln auf, nach denen Führungskräfte sich richten können.

Na bravo! Es haben denen die fünf Gesetze des Rosenkranzes, mit dem Frauen ruhig gestellt wurden, nichts entgegenzuhalten.

Mit runden Augen liest sie von der atemberaubenden Ignoranz ethischer Werte:

»Erwecken Sie um jeden Preis Aufmerksamkeit. Nur der Schein wird bewertet. Was nicht sichtbar ist, zählt auch nicht...«

»Bringen Sie andere dazu, Ihre Arbeit zu erledigen, aber heimsen Sie die Lorbeeren ein...«

»Lernen Sie, Menschen von sich abhängig zu machen...«

»Geben Sie sich wie ein Freund, agieren Sie wie ein Spion...«

»Vernichten Sie Ihren Feind...«

»Finden Sie die Daumenschrauben. Jeder hat eine Schwachstelle...«

Ein »Der Du für uns ans Kreuz geschlagen worden bist...« des katholischen Rosenkranzes kommt im Vergleich mit der aufgelisteten Power etwas blass daher und hat keine nachhaltigere Wirkung als der Sensenmann in Zivil.

Eine mittel- bis saumäßige atmosphärische Veränderung weltweit war die Folge – ist die Folge – wird die Folge der Verbreitung der New-Bibel sein.

In der Politik fällt die REIFE FRAU unter das »Artenschutzgesetz«. Sie ist, nach immerhin achtzig Jahren im Besitz des Wahlrechts, zuständig für Sonstiges« auf den hintersten Listenplätzen. Sehr begehrt für wahlvorbereitende Aufgaben. Logisch und konsequent wäre der Übergang von einem Wahlfaktor in einen Machtfaktor.
Die REIFE Antje Vollmer – von verdächtig milder Wesensart – bringt es auf den Punkt: »Von Anfang an hatten die Frauen bei euch keinen Platz. Jedenfalls nicht da, wo wir ihn wollten, nämlich in der ersten Reihe und neben euch.« Sie sagte das zu einer Zeit, da ihr das Beiwort REIF noch nicht zuerkannt werden konnte. So ganz nebenbei bemerkt: Wen wundert es, dass sie mit solch ketzerischen Worten auf einem der ersten Plätze einer aktuellen Liste der zum Heiraten am wenigsten Begehrten gelandet ist?
Es ist ein gefährlicher Leichtsinn der Politiker, zu glauben »panieren« sei fraulicher Wesensart gemäßer als »panaschieren«.
Es ist ein gefährlicher Leichtsinn der Frauen, zu glauben, die Frauenfrage wird automatisch gelöst. Ist sie doch bereits Tradition, aber eine, die zu feist geworden ist und dringend abspecken muss. Jedoch, die frauenzimmerliche Kleinmut vor dem Feind wird von der Gegenpartei sofort erkannt und skrupellos ausgenutzt.
Der Umschlag von Quantität in Qualität findet im Falschen statt. Der Schrecken selbst hält sich die Ohren zu und macht sich auf leisen Sohlen davon, verfolgt vom Passiv des Politikerdeutsch:
…muss gehalten werden.
…wird zu tun sein.
…wird nachgefragt werden müssen.
…wird zu stellen sein.

»Über das Gleichstellungsgesetz, dessen Folgenlosigkeit nicht abzusehen war, wird noch zu reden sein,« äfft die REIFE FRAU erbost leere Phrasen nach, denn wir wollen unsere eigene, unverbaute Aussicht und nicht immer rechts oder links an einem breiten Rücken vorbei.
Vor dem Gesetz sind zwar alle gleich, aber längst nicht jede. Denn leider ist der Weg vom Wissen über das Reden zur Tat interplanetarisch weit. Immerhin wird jedes zweite Tief ab April 1999 einen männlichen Vornamen bekommen. Welch ein Sieg nach zähem Kampf. Von der

Abschaffung einer Ungleichbehandlung kann bei diesem Beschluss kaum die Rede sein, allenfalls von gutem Willen im Regelvollzug der Benachteiligung. Fünfzig Jahre nach Verabschiedung des Gleichheitsgesetzes muss man solch eine Errungenschaft wohl für Fortschritt halten.

Ein Häppchen Macht wird abgegeben in Form von Frauenbeauftragten. Das Amt taugt trefflich dazu, in Bestsellern durch den Kakao gezogen zu werden, denn das geschnürte Kompetenz-Paket ist so ärmlich, dass es zu seiner besseren Reputation einer Frauenbeauftragten für Frauenbeauftragte bedürfte.

Der reife Mann gewinnt in Wirtschaft und Politik an Gewicht, die REIFE FRAU – abgeschoben in die Öffentlichen Anlagen zum Entenfüttern und in die Cafés »aber bitte mit Sahne« – gewinnt ebenfalls an Gewicht: in Form völlig neuer Körperteile, Körperformen und in Richtung King Size XXL.

Mit einem gewissen Unmut weigert sich die REIFE FRAU, die Schlussfolgerung »Du stellst Dich besser auf diese Musik ein und lernst danach zu tanzen« zu akzeptieren, denn die Ergebnisse der männlichen Tatkraft sind so überzeugend nicht. Machtausübung sticht Bürgerwohl lehrt uns jede Regierungsneubildung. Im Zentrum der Macht herrschen die Gesetze des Stärkeren (siehe 48 Gesetze der Macht).

Im Stall von Bethlehem waren sie nicht vonnöten. Ochs und Esel ruhten friedlich nebeneinander. Auch sonst war die Rollenverteilung klar. Solange, bis die »Schwanz-ab-Fraktion« in Aktion trat. Ihr werden ausnahmslos alle zugeordnet, die es wagen, Kritik am bestehenden System zu üben. Denn wie bereits erwähnt, im Stall zu Bethlehem war die Rollenverteilung klar.

Die REIFE FRAU und auch die, die es einmal werden wird, wagt trotzdem Protest. Denn sie leidet an dieser chauvinistischen Umwelt, möchte auf ihre Art Wirtschaft und Regierung übernehmen, die Finanzen und die Gesellschaft managen, über ihren Körper und ihre Zukunft selbst bestimmen.

Doch wer die Machtfrage stellt wird als Hexe verbrannt. Oder gevierteilt. Dieser schnuckelige Brauch hat sich lange gehalten. Exakt bis 1782. (Letzter Hexenprozess im schweizerischen Glarus). Ebenfalls bewährt hatte sich die Methode, Aufsässige ins Kloster zu sperren (wenn sie sich nicht vorher freiwillig dahin retteten). Danach kamen die Gesetze der freien Marktwirtschaft, die heute wieder vermehrt Gültigkeit haben.

In der Zeit dazwischen zeigten beschwörende Worte eines großen, großgeglaubten Menschenführers den Frauen ebenfalls, wo es langgeht. Mit »Gebenedeit sei die Frucht DEINES Leibes und die Kraft SEINER Lenden« redete der falsche Messias die Gebärmütter fruchtbar. Fließbandgebären wurde zur olympischen Disziplin erhoben. Als Siegesprämie winkte das Mutterkreuz. Das Vaterkreuz folgte auf dem Fuß. Ein Symbol für Tapferkeit, millionenfach auf den Soldatenfriedhöfen noch heute zu besichtigen. Die für das Vaterland gefallenen Helden können sich über den aus Größenwahn angezettelten Krieg und ihren sinnlosen Tod nicht mal im Grab umdrehen. Weil sie keines besitzen; von einer Granate in Teile zerrissen und irgendwo in polnischer, russischer, französischer oder sonst einer fremden Erde als Fragment verscharrt worden.

Den REIFEN FRAUEN aber, bei denen das Beschwören nichts mehr half, da der falsche Messias den wahren Messias ebenfalls ermordet hatte und es also keine Wunder mehr gab, wie bei der Base Elisabeth, die in hohem Alter noch einen Sohn gebären durfte, ihnen also wurde gestattet, ihre Wünsche, Sehnsüchte , Zukunftsvisionen bei der Arbeit in Waffenfabriken zu entsorgen.

Wieder ein wenig später, als die beschwörenden Worte das Land in Trümmer gelegt hatten, kam die Hochblüte der Frauen, auch und vor allem die der REIFEN. Sie bekamen alle Vollmachten – über die Trümmer. Jeder einzelne Stein durfte von ihnen persönlich in die Hand genommen und wiederaufbereitet werden. Sie durften steinemäßig so richtig die Sau raus lassen. Ja, und plötzlich gehörte ihnen die Welt. Die Welt der Trümmer, des Hungers, der Not und der Verzweiflung. Auf einmal gab es keine Kompetenzbeschneidung mehr. Im Gegenteil, sie durften alles. Sie durften mit Handwägelchen fröhliche Exkursionen in die umliegenden Landgebiete machen um Tauschgeschäfte zu tätigen. Durften ihre Perlen und Brillanten in Kartoffeln umsetzen. Für ein halbes Pfund Schmalz das Tafelsilber verhökern und für ein Pfund Mehl das Meißner Porzellan opfern. Die Kunstfertigkeit, mit

Baumrinden, Bucheckern und Kartoffelschalen Mägen zu füllen brachte ihnen höchste Anerkennung. Und das Rezept, Brot zu backen, das außer Mehl alles enthielt, was nicht unmittelbar zum Tode führte, bekam eine Auszeichnung. Das Adjektiv REIF hatte jede negative Bedeutung verloren. Es zählte nicht. Was zählte, waren Kraft, Ausdauer und der Wille zum Überleben.
Doch irgendwie mussten Frauen aller Reifegrade etwas ganz furchtbar missverstanden haben. Denn wie jede Hoch-Zeit, hatte auch diese nicht das ewige Leben und nur gute zehn Jahre später, das Wirtschaftswunder hatte sich bereits zu einem kleinen Fettwanst entwickelt, musste das Bedürfnis entstanden sein, den zügellosen Freiheiten der Trümmerzeit neue Grenzen zu setzen, die Verhaltensregeln zu renovieren: Mit dem »Goldenen Buch der Frau« wird auf 480 kleinbedruckten Seiten ein Wegweiser erstellt; wird im »Buch der modernen Lebensführung« stilsicher alles auf den Punkt gebracht.
Ausführlich wird über »das Leben und das Glück« nachgedacht, »die Frau in der heutigen Zeit« von allen Seiten betrachtet, dann allgemein auf die »Arbeit der Frau« eingegangen. Wieder über das »Glück des Lebens« philosophiert. Dann geht es zur Sache. »Der Mann im Leben der Frau!«
Zitat: »Sie sollte dabei aber nie außer acht lassen, dass es richtig und auch für sie günstig ist, wenn dem Mann – dem richtigen Mann – die Lebensführung überlassen bleibt« (Elisabeth Gürt, Schriftstellerin, Wien).
Weiter im Text: »Die Kinder im Leben der Frau!«, »Der Beruf im Leben der Frau« kommt als Kapitel nicht vor. Aber »Wer hat Recht?« Nicht etwa im Streit um Gleichstellungsfragen. In diesem Absatz geht es u.a. um die Rechtslage bei bestellten und nicht abgeholten Kinokarten.
Weiter geht's mit »Unsere Erscheinung«, »Wie wir uns pflegen«, »Wie wir uns ernähren«, »Wie wir uns einrichten« und natürlich »Der Garten«.
Keine Fanfare DER REIFEN FRAU GEHÖRT DIE WELT, lediglich vier Seiten von vierhundertachtzig über »Die kritischen Jahre – zehn Lebensregeln«.
Inmitten all der wohlgesetzten Ratschläge finden sich solch besonnenen Worte, denen die REIFE FRAU mit Gewinn lauscht:

»Es wäre irrig, wollte man nur dem weiblichen Geschlecht das »viel und gern Reden« in die Schuhe schieben; auch Männer reden recht gerne, ja mehr noch, sie reden gerne »gescheit«. Wir wollen hier jetzt gar nicht ironisch sein und nachprüfen, ob sie wirklich so »klug« reden; nehmen wir einfach an, sie tun es wirklich, und geben ihnen dazu Gelegenheit. Diese geben wir ihnen, wenn wir ihnen aufmerksam zuhören und nicht ins Wort fallen, sondern sie durch interessante Fragen noch ermutigen und durch richtige, aber keine vorzeitigen Antworten unseren Beifall oder unsere Meinung kundtun« (Dr. Susanne Schömig, Psychologin und Schriftstellerin, Wien).

Da hat eine, man spürt es, den Wahrheitsgehalt ihrer Rede gewissenhaft geprüft. Noch in den sechziger Jahren sieht so also das Feld aus, auf dem die Frau bestellt wird. In betulichem Plauderton wird ihr zwischen den Zeilen geraten, den Störfaktur Widerspenstigkeit abzulegen. Es könnte ihr sonst durchaus eine Strafanzeige wegen Amtsanmaßung einbringen. Ein guter Rat zur Anpassung von Frau zu Frau so quasi als Dreingabe beim Austausch von Keksrezepten. Oberstes Ziel war, Frauen schön handlich zu halten. Nicht zu kühn für den Hausgebrauch. Ganz wenige nur waren mutig genug, die Weide der lammfrommen Kälber zu verlassen. Das Gros blieb in der Umzäunung. Das Gros, das heute die REIFEN FRAUEN stellt, denen die Welt gehören soll.

Wie soll das geschehen?

Ebenso fassungslos fragte bereits vor zweitausend Jahren Maria, die Mutter Gottes, als ihr der Erzengel Gabriel das große Ereignis der jungfräulichen Geburt ankündigte und er ihr, da sie das in Zweifel zog, ferner mitteilte, dass es trotzdem so kommen würde, nämlich dank der Überschattung durch die Kraft des Allerhöchsten. Was es damit auf sich hat, soll an dieser Stelle nicht erörtert werden, da es nicht das Thema trifft.

Nach so viel angepasster Lektüre hat die REIFE FRAU den »Harmonieterror«, wie Franz Josef Strauß sich auszudrücken pflegte, von Herzen satt und lässt die nichtssagende Hülle des Selbst fallen. Sie bekommt eine Vision: Männer als Lebenskünstler und Müßiggänger sein zu lassen. Sollen sie doch lieber ihre Ellenbogen aufstützen und als Erholungspotential nutzen, als sie ständig auszufahren. Sie, der es nicht gelingt, dies ebenfalls permanent zu tun, hat erfahren, dass es ähnlich aussichtsreich ist, die Eigernordwand ohne Steigeisen zu erklimmen, wie an den rabiat ausgelegten Barrieren der Konkurrenten vorbei ziehen zu wollen.

Was machen die Männer aus der Welt, die IHR gehören soll? fragt sie sich besorgt. Sie zetteln ununterbrochen in irgend einer Ecke der Welt Kriege an und sei es nur im Umfeld eines Fußballstadions. Sie verschulden die öffentlichen Haushalte in geradezu krimineller Höhe. Sie drehen durch und brüllen und verstreuen auf sinnlose, unkontrollierte Weise ihren Samen.

Von wegen, ihr gehört die Welt. Sieht es nicht vielmehr so aus, als dass dem reifen Mann die Aufsichtsratsposten mit fetten Pfründen gehören und in der Disziplin der aktiven Vorteilnahme der REIFEN FRAU das, was übrigbleibt.

Menopause – die Gleichgeschlechtliche.

Umfrageergebnis des Emnid-Instituts, das 1998 tausend Männer zwischen vierzig und siebzig Jahren befragte: »Etwa dreissig Prozent klagen über Potenzprobleme sowie über Zunahme von Nervosität, Reizbarkeit und Missstimmung. Vierundvierzig Prozent fühlen sich schlechter als vor ihrem vierzigsten Lebensjahr. Sie bemerken vor allem Kreuz- und Gliederschmerzen sowie abnehmende körperliche Aktivität und Muskelkraft.«

Kein »Hurra, ich bin alt« schallt der REIFEN FRAU aus den Reihen der reifen Männer entgegen und das Umfrageergebnis ist nach der Veröffentlichung als kleine dpa-Mitteilung in den Maßen fünf auf acht Zentimeter aus Prestigegründen im Medien-Bermuda-Dreieck verschwunden. Wird gemutmaßt!

Alle über einen Kamm zu scheren, ist ein Beweis von Engstirnigkeit. Nicht auch noch diesen Vorwurf möchten sich die REIFEN FRAUEN auf den bereits leicht gerundeten Rücken laden. Sie haben an dem Heiligenschein, mit dem sie gelegentlich dekoriert werden, schwer genug zu tragen. Und deshalb werden ganz deutlich die Sympathischen, Liebenswerten, Partnerschaftlichen ausgeklammert aus der Masse der

Anzuschießenden. Eben diejenigen, die aufstehen und sagen »ich heisse Erich und bin Sympathisant«. Immer sofort vergriffen, selten auf Lager und noch seltener nachlieferbar, diese kostbaren Einzelstücke. Die Hervorhebung wird ihnen aber nicht viel bringen, werden sie doch von ihren Brüdern als testosteronarme Schweine apostrophiert und ebenfalls untergebuttert. Leider sind es ihrer zu wenige, um die Öde der festgefahrene Geisteshaltung ihrer Geschlechtsgenossen flächendeckend aufzuhellen.

Und mit unfrommem Schauder hört sie die maskuline Erklärung: ihr, der Frau, der potentiellen REIFEN FRAU, fehle der Drang, vorwärtszustreben, zu kämpfen, im Streben nach Überlegenheit und Vorherrschaft in der Welt vorzudrängen. Sie verbreite verstörte Nachdenklichkeit und zögernde Ungewissheit.
Aha, deshalb also.
Männer dagegen brauchen das Gefühl, die Nummer Eins zu sein, wenn sie überleben wollen. Sagen sie und fügen erklärend hinzu, ihre Ruhelosigkeit, die all die Großtaten vollbringt, sei die Folge eines hormonalen Ungleichgewichts,
Die REIFE FRAU kennt jedoch noch ganz andere Folgen des hormonellen Ungleichgewichts.

2. Von Karriere- und anderen Zusammenbrüchen (oder Sand im Getriebe der Jobmaschine)

...aber uns, um alles in der Welt, nicht in die Quere kommen.
Manches Mal hört man davon reden. Es soll sie tatsächlich geben. Frauen in Führungspositionen, in gut bezahlten Berufen. Vor lauter ungläubigem Kopfschütteln bekommt die Leserin Migräne.
Besser bekannt ist ihr die dichtbesetzte, untere Berufsebene. Dort hört die REIFE FRAU Sätze wie: »Ja, ist die denn immer noch da? Geht die nicht endlich in Rente?« Sie soll stricken, Kreuzworträtsel lösen und sich mit den achtundsiebzig verschiedenen Goldenen Blättern der Regenbogenpresse beschäftigen, die ihr die Medien zum Fraß vorwerfen und deren Erfolgsgeheimnis darin besteht, dass die Herausgeber glauben, die idealtypische REIFE FRAU zu kennen: Sie sitzt abends, nach einem erfüllten Tag voll Geplauder am Gartenzaun, gemütlich vor dem Fernseher und schaut sich das Festival der Volksmusik an, blättert nebenbei in eben der Yellow Press. Sie schöpft beim Studium der Wunderwirkung von Apfelessigkapseln Hoffnung für ihren fast vierzigjährigen, noch immer ehelosen Sohn, bekommt Tränen in die Augen beim Gedanken an mögliche Enkel, für die sie Babyjäckchen häkeln darf. Noch vor zehn Uhr geht sie zufrieden mit sich und der gottgewollten Ämterteilung zu Bett. »Aber uns, um alles in der Welt, nicht in die Quere kommen!« Und mit nicht unterdrückter Häme ziehen die Angreifer ein Exemplar der Yellow Press aus dem Stapel hervor: »Zeitschrift für die Frau von Heute« von Frauen für Frauen gemacht und schlagen eine spezielle Seite auf: »Jobs für Frauen« heisst es da. »Wir reparieren und verschenken Fahrräder!«
Gleichzeitig verschenken wir den Niedriglohn, verschenken finanzielle Abhängigkeit mitsamt ihrem Gefolge, und natürlich Rentenanwartschaften, lässt sich der wunderbare Rat fortsetzen.
Eins zu Null für die Bastion Mann.
Der Soziologe Otto Speck – die ewige Ruhe sei ihm trotzdem gegönnt- glaubte zu wissen, was Frauen in den Beruf treibt: Geldgier, eitle Vergnügungssucht und ungesunde Intellektualität.

Der REIFEN FRAU verschlägt es bei solch polemischen Bemerkungen die Altersgeschwätzigkeit. Ihr seelenvolles Wimmern geht im Poltern des Urgesteins unter. Statt gegen zu poltern begegnet sie den Argumenten mit vornehmer Zurückhaltung. Deshalb wohl dominieren noch immer einfache und eintönige Arbeitsabläufe in der Frauenarbeit: Fließband, Registrierkassse, Bürofußboden und Bildschirm. Die Versuche August Bebels zur Aufwertung der Frauenarbeit in der Industrie sind Utopie geblieben und die gesetzlich verankerte Forderung »Gleicher Lohn für gleiche Arbeit« lacht, wie alle Gleichstellungsphrasen, der Wirklichkeit höhnisch ins Gesicht und scheint dem Grundgesetz als sprachliche Sättigungsbeilage beigetreten zu sein.

Sie soll ihren Karrieredurst gefälligst mit der Milch der frommen Denkungsart stillen, mit jener Sorte, die nicht angereichert ist mit Vitamin B und den Namen Amigopräparat trägt.

Anzeigen gegen Versuche von entschlossen und staatsmännisch blickenden grauen Krawatten- und Aktenkofferträgern, die REIFE FRAU gegen attraktive, junge, unverbrauchte Arbeitnehmerinnen einzuwechseln haben vor Arbeitsgerichten keine Chance.

Chancen hat die REIFE FRAU, als Käse- oder Fischverkäuferin, noch größere als Erntehelferin und in der Gebäudereinigung. Die allergrößten hat sie als Fernsehansagerin oder im Showbusiness – nämlich abgelehnt zu werden. Alternativ bleibt der Sprung in die Selbständigkeit auf den Vertriebssektoren Tupperware, Ha-Ra oder auf sonstigen Hinterhöfen von Haushalt und Schönheit.

Einem Arbeitgeber oder Personalchef die These von der REIFEN FRAU, der die Welt gehört, näher zu bringen, gleicht dem Versuch, eine Krake das Geigenspiel lehren zu wollen.

Die REIFE FRAU hat genug Phantasie, sich die Freudentänze der Verantwortlichen vorzustellen, wenn eine Bewerbung oberhalb der eng gezogenen Jugendlichkeitsgrenze auf deren Schreibtischen landet. Sie hört die breitbeinig und mit viel Effekt in der Stimme vorgebrachten personalcheflichen Slogans: »Wenn sich Frauen den Wechseljahren nähern, bekommen sie Durchhänger, sacken ab wie ein Echolot ins Bodenlose und belegen als Blindgänger die Bürostühle. Für gutes Geld wird gute Leistung verlangt. Wir sind schließlich kein Wohltätigkeitssinstitut! Hugh, ich habe gesprochen.« Und sie wickeln sich enger in ihre kugelsicheren Westen aus maßgeschneiderter Unersetzlichkeit.

Die REIFE FRAU sieht das verblüffte Gesicht eines Bankers, wenn sie einen Firmengründerkredit beantragt und steht vor dem Gremium wie Papagena vor den Gralsrittern; wird dann zur Grameen Bank nach Bangladesch verwiesen, die Mikrokredite an Arme vergibt, davon neunzig Prozent an Frauen, mit der Begründung: »Frauen arbeiten sorgfältiger, halten ausdauernder an ihren Visionen fest und haben aufgrund stärkerer Familienbindung ein größeres Verantwortungsgefühl.« Von einer Altersbegrenzung wird dort in den Regeln zur Kreditvergabe nicht gesprochen. Auch nicht von Durchhängern in der Menopause.

Vergelt's Gott
Die REIFE FRAU, die Machiavelli tatsächlich für einen Pizzadienst hält, interessiert sich kaum für das Gedränge um die Macht, für Kungeleien, für Ämterschacher, für gockelhafte Schaukämpfe, für Bünde. Sie ist eine Suchende. Sie sucht die Mitarbeit und findet sich in Friedensinitiativen und Hilfsorganisationen. Ihre Suchbewegungen werden gesteuert. Sie lässt sich benutzen. Sie lässt sich von in Irrtümern Vergreisten das Wort im Munde knebeln. Ihre Tätigkeit fällt unter die Rubrik »Minderheitenförderung« und bleibt ohne nennenswerte weltpolitische Folgen.
Alle niedrigstehenden und prestigelosen Aufgaben in Politik, Familie und Gesellschaft fallen ihr so selbstverständlich zu wie das Priesteramt dem Mann.
Von Kindesbeinen an darauf getrimmt, jemandes Diener zu sein, bekommt die REIFE FRAU Schuldgefühle, wenn die Erziehungs-/Versorgungsarbeit des Nachwuchses abgeschlossen ist und sie daran geht, an sich zu denken, endlich, und den Wunsch verspürt, ihre leer geplünderten Pötte für Geduld, Toleranz und Zärtlichkeit aufzufüllen. Fast übergangslos fordern Enkel und pflegebedürftige Eltern ihren Tribut. Verweigert sie den Dienst an der Familie, wird ihr stirnrunzelnd ein hohes Maß an Ichbezogenheit, Selbstsucht und Eigennutz unterstellt. Der Geist der Autonomie nimmt daraufhin Reißaus, wenn man

das von einem Geist so sagen kann. Erschrocken zieht die REIFE FRAU die innere Kündigung zurück. Ein Begräbnis erster Klasse auch dem Wunsch, frei und unabhängig zu sein, zu dessen Geburtswehen noch der Kampf gegen die Sünde der Hoffart kommt.

Sie opfert das »Studium im höheren Erwachsenenalter« im »Zentralinstitut menopausierender Kreativitätsschübe« und lernt statt dessen Laubsägearbeiten für Enkel aus dem Buch: »Ritze ratze und im Nu habt ihr eine dumme Kuh«.

Sie wird die Eltern nicht einer Versorgungsanstalt überlassen, wird sich um Ausgegrenzte kümmern, Seniorennachmittage gestalten, Alten- und Krankenbesuche machen – und kein Mann stört sie mehr dabei, nachdem er die »Guten Geister«, die freiwillig und unentgeltlich ihren Dienst dem Gemeinwesen darbringen, den pompösen Namen »Volunteers« verpasst hat. Er parkt derweil unbehindert auf den Frauenparkplätzen.

Für ihre Arbeit erntet sie von der Gesellschaft einen heißen, schon etwas verkohlten Dank. Bei derlei Freundlichkeiten gilt es höllisch aufzupassen, dass es nicht so geht, wie bei den sogenannten afrikanischen Giraffenfrauen: Ihnen wurden Halsringe in großer Zahl als ein Mittel der Schönheit präsentiert, die jedoch die Frau dem eifersüchtigen Ehemann auf Gedeih und Verderb auslieferten. Im Falle einer Verfehlung sägte der Schmied die Ringe durch und der Kopf der Frau sackte haltlos herunter. Lähmung war die Folge.

Als Äquivalent für seelisches Auftanken versucht die REIFE FRAU ein kleines Techtelmechtel mit Qigong-Kugeln. Die »sanften Klänge und die massierende Wirkung lösen Spannungen im ganzen Körper und aktivieren die Gehirnfunktion«, wird versprochen. Sie liebäugelt mit einer Mitgliedschaft bei den Jüngerinnen, die nackt den Gemüsegarten bestellen, erweitert aber nach einem Blick auf ihren Körper, dem es nicht mehr gelingen wird, in den Adelsstand erhoben zu werden, nur ihre Küchengewürze um Kalzium, Magnesium und Kieselerde und ruft nicht den psychotherapeutischen Kundendienst für den ins Stottern geratenen »Geben- und Nehmen-Rhythmus-Apparat«, der mit bedrückender Sturheit auf der »Geben-Taste« stehen geblieben ist, also dringend der Umpolung bedarf und sowieso ein Zuschussbetrieb ist.

Sie versucht Trost aus dem Bibelwort »Geben ist seliger denn Nehmen«

zu holen und wundert sich über das geschlechtsspezifische Verständnis für diese Parole. Das Phänomen bleibt interpretationsbedürftig.

Endlich versteht sie, warum von so vielen Frauen nichts Greifbares übrigbleibt, wenn man von Briefen einer um Alimente kämpfenden Fabrikarbeiterin oder Rechenschaftsberichten über mager zugeteiltes Haushaltsgeld absieht.

Also auch hier keine Welt, dem sich das besitzanzeigende Fürwort verpassen ließe, vielmehr Ehrenämter, Dienst an Alten, Kranken, Hilfsbedürftigen gegen ein Dankeschön.

Hängt die REIFE FRAU am finanziellen Tropf, weil sie der Gesellschaft eins, zwei, drei oder gar noch mehr potentielle Rentenkasseneinzahler geboren und großgezogen hat, kann es durchaus sein, dass der Speiser des finanziellen Füllhorns sich von Zeit zu Zeit laut und unmissverständlich – in Gegenwart der REIFEN FRAU – seine Generosität ins Gedächtnis ruft.

Beschließt daraufhin die REIFE FRAU, ihr finanzielles Füllhorn selbst zu speisen, muss sie mit Gegenwind rechnen. Sie bekommt es mit der Sachlage der abgeschmetterten Vorteilsnahme zu tun. Sie schließt Bekanntschaft mit den Ausdrücken »Geringverdiener«, »Kurzfristige Beschäftigung«, »Niedriglohn« und hat die Auswahl unter einer Vielzahl geringwertiger Tätigkeiten, die, wenn überhaupt, zu einer Mindestrente führen, vom Vater Staat in der ihm eigenen großzügigsten Weise um »Kindererziehungszeiten aufgestockt«: Lohn der Angst, tauft sie dieses Trinkgeld: grauenvolle Angst im Herzen, angefangen bei den ersten Flugversuchen der Brut vom Wickeltisch. Nächte an Krankenbetten. Anfangsphasen des Motorrad- und Autofahrens und einfach Sorge und Verantwortung, die nie endet.

Dazwischen waren all die Zeit über tonnenweise Nahrungs- und Genussmittel herbeizuschaffen und der Entwicklungsphase entsprechend aufzubereiten, um die immerzu hungrigen Mägen der potentiellen Rentenkasseneinzahler zu füllen. Es waren guinessbuchverdächtig lange Blechschlangen an Pizza und Streuselkuchen zu backen, damit die Mägen der Kameraden, die wie wilde Heuschrecken einfielen, gleich mit gefüllt werden konnten. Mit den potentiellen

Rentenkasseneinzahlern musste sich durch das Schulsystem zwischen Mengenlehre und Rechtschreibreform hindurchgekämpft werden, verdreckte Sportwäscheberge in der Höhe des Mont Blanc war porentief rein zu waschen, die Ruppigkeiten der Pubertierenden mussten ertragen werden, bis sie schließlich, als mehr oder weniger fertige Menschen, dem Monstrum »Leben« überlassen werden konnten.

Aber nur ja nicht gejammert, denn »Das hättest Du Dir früher überlegen müssen« hört sie auf ihre kleinen Hilfeschreie hin und ist wieder einmal baff.

Gelegentlich muss sie noch zusehen, wie sich der Mann an ihrer Seite davonmacht, um sich mit Jugend und Frische zu paaren und ihr einen kümmerlichen Versorgungsausgleich und die Parole »Armut ist eine philosophische Frage« zurück lässt. Sie träufelt sich seine materielle Überlegenheit auf ihr trockenes Brot und kann nur wieder einmal alles falsch gemacht haben, weil man doch Frauen nicht ohne Bosheit nachsagt, sie wären imstande, Männer bis aufs Blut auszusagen.

Die REIFE FRAU, die schwer verletzt überlebt, hört, wie ihr Angstschweiß plätschert. »Ein sehr knappes Einkommen engt leicht auch den Geist ein und verbittert das Gemüt« hat sie bei Jane Austen gelesen.

Empört über den Verstoß gegen das kleine Einmaleins schüttelt sie ihr welkes Gefieder und legt augenblicklich alle ihr verbliebene Energie in den Versuch, zu überleben.

Sie wird das, was REIFEN FRAUEN in den Leitfäden zur Unbotmäßigkeit geraten wird. Sie wird Künstlerin: Hunger- und Überlebenskünstlerin. Und überaus kreativ. Sie wird top im Organisieren. Weiß, in welchen Metzgerläden kurz vor dem Wochenende die Wurst billiger abgegeben wird, kauft Gemüse auf dem Markt Minuten vor der Schließung. Sie verschafft sich ein kleines Zubrot mit der Rückgabe von Pfandflaschen und bedauert, dass das Rabattmarkensystem, früher eine sichere Schwarzgeldquelle für Millionen Haushaltsgeldabhängiger, aus der Mode gekommen ist. Schnäppchenführer der besonderen Art halten sie über Wasser. Von ihren dürftigen Bezügen zwackt sie noch etwas ab. Ein ordentliches Begräbnis statt eines Armengrabes ist ihr wichtiger, als finanzielle Not durch Sozialhilfe zu lindern oder Kindern und Staat zur Last zu fallen.

Sich schenkelklopfend biegen vor Lachen würden all die am Rande der Altersarmut wandelnden REIFEN FRAUEN, würden sie vernehmen, dass ihnen die Welt gehören soll.

Computerkenntnisse erforderlich

»Fauler Chef suchte faule Mitarbeiter, die morgens länger schlafen und mehr Geld verdienen wollen als andere.«

Eine verlockende Anzeige im Stadtecho.

Ingeborg Berger glaubt gewöhnlich an nichts und im Notfall an Wunder. Sie stellt sich vor.

»Computerkenntnisse erforderlich« sagt der Verantwortliche und rasselt gekonnt mit den Insignien der Macht. Auch sonst benimmt er ich in jeder Hinsicht unliebenswürdig.
Ingeborg kämpft mit dem Wunsch, dem aufgeblasenen Champignon mit Nadelstichen die Luft abzulassen und die karge Restmenge den Winden zu übergeben. Sie stellt der Marschroute des Schicksals ein Bein und sich der Herausforderung.

VOLKSHOCHSCHULE 3. Stock rechts
Arbeiten mit dem PC
- Textverarbeitung
- Dokumente erfassen, überarbeiten, gestalten
  Keine Vorkenntnisse erforderlich!

Zögernd steigt sie die Treppe hoch und der Erfolgsdruck treibt ihr Asthma zu einer schärferen Gangart an.
Sie gibt sich einen Ruck und betritt den Raum mit der Perlenschnur aus Computern. Auf den Monitoren krümmen sich Olympische Ringe mit Magenbeschwerden. Sechs Stühle sind von jungen Frauen besetzt, die sich zu kennen scheinen, denn sie unterhalten sich lebhaft und Ausdrücke wie »Arbeitsbeschaffungsmaßnahme« und »Wiedereinstieg in den Beruf« sind zu hören. Die Kursteilnehmerin vor dem siebten PC hat ein paar Jahre mehr im Gesicht als die sechs Anderen. Sie lächelt der Eintretenden aufmunternd zu und deutet auf den Platz neben sich.
Ein scheinbarer Azubi flitzt auf hohen Gummisohlen ins Zimmer. Er trägt T-Shirt, Jeans und Bürstenschnitt. Er hüpft nach vorne und sagt: »Hallo, ich heisse Oliver und leite diesen Kurs.«
Er grinst breit und seine Ohren machen dabei eine freundliche Bewegung nach vorn.
»Also, mit dem Computer umzugehen ist total einfach. Das kann heute jedes Kind. Aber weil das hier als Anfängerkurs ausgeschrieben ist, fangen wir ganz von vorne an. Zuerst alle Geräte ausschalten.«
Auf sieben Monitoren legt sich auf der Stelle das olympische Bauchweh. Ingeborg mustert die Knöpfe und Tasten und ist unentschlossen, bis ihre Nachbarin herüber greift und auch ihre Ringe von den Leiden erlöst. Vom Pult her kommen Befehle, die von sieben Teil-

nehmerinnen mühelos ausgeführt werden. Sie hört: »Doppelklick auf... Einmal klicken auf... Datei öffnen... Schriftart und Schriftgröße festlegen... Format anklicken...

»So jetzt kann es losgehen. Jeder von Euch kann doch Maschinenschreiben. Schreibt jetzt einfach mal irgend einen Text. Mit dem werden wir dann arbeiten.«

Während die Mitstreiterinnen eifrig schreiben, sitzt Ingeborg noch immer vor dem schwarzen Schirm und versucht, Licht in das Dunkel zu bringen. Sie hat bereits nassgeschwitzte Hände und ein rotes Gesicht. Mit einem hilflosen Blick fährt ihre Hand hoch: »Ach bitte,« sagt sie und der Azubi, der keiner ist, schlenkert heran.

»Haben Sie noch nie mit dem PC gearbeitet?« fragt er und schüttelt fassungslos die Bürsten, als sie sagt, sie sitze zum ersten Mal davor. Er zeigt ihr den Einschaltknopf, sagt: »Mit der Maus kannst du hier total alles machen. Das Prinzip ist galaktisch genial. Einfach so...« Es klickt und blinkt und hüpft und auch ihr Schirm wird weiß.

»So, jetzt kann's losgehen«, sagt er und schaut über ihren PC hinweg in den Ausschnitt einer Wiedereinsteigerin.

Ingeborg Berger will das Lukas-Evangelium schreiben, geniert sich aber ein bisschen vor dem jungen Hüpfer, der es in Unkenntnis der Bibel möglicherweise für hausfrauliche Krampfhennenpoesie hält. Sie beginnt mit einer Ballade, die sie von der Schule her auswendig kann und es geht tatsächlich so schnell und gut wie auf der Schreibmaschine und in dem Maße wie sich der Schirm füllt, wird ihr Herz leichter. Sie hört bereits die lobenden Worte bei der Neueinstellung und malt sich aus, wie sie sich vom ersten richtigen Gehalt ordentliche Schuhe kaufen wird, die ersten seit fünf Jahren, wenn man von des Discount-Latschen absieht.

Doch plötzlich, sie weiß nicht wie, frisst sich der Text von hinten her selbst auf. Sie starrt entsetzt auf den Schirm und ihr Herz spielt Sackhüpfen. Hat sie etwas kaputt gemacht? Das gefräßige Etwas lässt erst ab vom Text, als sie erschrocken die Hände von der Tastatur reißt.

Vom Pult her kommt:

»So, jetzt wollen wir den Text bearbeiten, dazu speichern wir ihn ab. Anschließend werden die Stellen markiert, die verändert werden sollen.«

Wieder kommt eine Unmenge von Befehlen und Ingeborg hört es in den Kästen unter den Monitoren rattern, tuckern und knistern. Es hört sich an, als würden winzig kleine Männchen all die geschriebenen Worte auf kleine Schubkarren laden, damit fleißig hin- und herflitzen und ihre Last in Regale einräumen. Sie hört sie laut seufzen, ächzen und stöhnen. In ihrer Vorstellung tragen sie Ärmelschoner aus Lüsterstoff und ihre Zeigefinger, mit denen sie die Buchstaben in die richtige Ordnung zwingen, tragen Gummikappen.

Der Bürstenschnitt hängt nun abwechselnd über den Schultern der jungen Frauen. Ingeborg Berger schwirrt der Kopf und ihre Maus tut Sinnloses. Wie aus dem Jenseits tauchen plötzlich Imperativsätze in ihrem Text auf, die sie attackieren und denen sie hilflos ausgeliefert ist. Mitleidig greift manchmal ihre Nachbarin ein und hilft weiter. Nach einem besonders gequälten Laut reißt sich der Kursleiter von einer halbnackten Schulter und schlendert heran.

»Oh, Mann, Sie haben ja einen fürchterlichen Salat angerichtet,« entfährt es ihm. »Warum haben Sie denn hundert Dokumente geöffnet?« »Ich hab' doch gar nichts geöffnet,« sagt sie schwach und schaut am Computertisch hinunter. Weder besitzt er Schubladen, noch liegen irgendwelche Dokumente herum. Der Lehrkörper schüttelt fassungslos den Kopf. Die blinkende Pfeilspitze hüpft, von seiner Hand gesteuert, wie ein Irrlicht über den Schirm.

»So, jetzt können Sie weiterarbeiten,« sagt er und hängt sich sofort wieder über eine wiedereinsteigende Schulter und seine Hand legt sich über die bereits mit einer wiedereinsteigenden Hand besetzte Maus und führt mit ihr zusammen behutsam Befehle aus.

»Übt' fleißig zu Hause und schickt mir mal eine E-Mail,« sagt der verkannte Azubi zum Abschied. Er grinst und sucht Blickkontakt mit den jungen Arbeitsbeschaffungsmaßnahmen.

»Und wenn ihr wirklich einmal nicht weiter wisst, dann gibt es immer noch das Handbuch.« Er schwenkt etwas von der Größe des Hamburger Telefonbuches über seinem Kopf.

»Ich kapier' es einfach nicht,« sagt Ingeborg zu ihrer hilfsbereiten Nachbarin. »Haben Sie keine Kinder, die Ihnen helfen können?« fragt diese und erzählt von den Nachhilfestunden, die sie bei ihrem Zwölfjährigen nimmt.

Es ist schon seltsam, wenn der Nachwuchs mit einer Stimme, an der noch die Eierschalen hängen, ungeduldig drohend fragt: Mama, hast Du du das nun endlich geschnallt und man sich nicht traut, zuzugeben, dass man es immer noch nicht kapiert hat.
»Sie müssen nur fleißig zu Hause üben« sagt sie aufmunternd, »dann wird es schon was.«
»Ich habe keine Kinder und keinen PC. Und und ich lerne es nie«, gibt Ingeborg Berger zur Antwort und hat so eine Ahnung, als ob ihr das Abendessen heute nicht besonders schmecken wird.
Nach einer Nacht, in der sie von kleinen Ärmelschoner-Männchen auf kleinen Schubkarren hin- und hergefahren wird, räumt sie auf mit den Perspektiven einer denkenden Ameise. Gleich am Morgen durchforstet sie lokale Anzeigenblätter und findet einen gebrauchten PC – fast zum Nulltarif.
Sie blättert die Wunderwerke noch einmal durch und findet PC-Nachhilfe, ein klein wenig über dem Nulltarif – gegeben von Achtklässlern. Bei dieser Nachhilfe finden sich ausser ihr noch mehrere gestiefelte Großmütter ein, und inmitten all der fröhlichen, geflüchteten Babuschkas wird sie zur Miss Marple, auf der Suche nach dem Buchstabenkiller und hat mit dieser Masche ungeheuren Erfolg.
Die Achtklässler finden es echt cool, wie die Omas dieses Thema angehen und unter erheiternden Schauspielen der Irritation sogar begreifen.
»Das ist nun zwar etwas völlig anderes, als die Morgentoilette eines Marienkäfers«, sagt sie zum Abschluss zu einem Jungen, dessen Fontanelle noch nicht ganz geschlossen zu sein scheint, »aber ich finde das Surfen im Internet total echt cool.«
Am Abend setzt sie sich vor den PC und formuliert eine E-Mail: »Hallo Walter, hier ist deine Ex, von der du dich getrennt hast, als du es zu Ansehen und ich zu Gewicht gebracht hatte. Weil, wie du sagtest, du nicht mit jemanden emotional kommunizieren kannst, der Aktienkurse für ein Strickmuster hält und sich in der Dynastie der Grimaldis besser auskennt als in der Reihenfolge der führenden Wirtschaftsunternehmen.
Vielleicht interessiert es dich ja noch. Nach einer langen Zeit tiefer Niedergeschlagenheit habe ich aufgehört, auf dem Friedhof herumzu-

sitzen und auf Beerdigungen zu warten, bei denen keiner hinterhergeht, um einem ebenfalls Einsamen das letzte Geleit zu geben. Mit dieser Entscheidung gehe ich auf Distanz zu Martin Heidegger und seiner These, dass »Langeweile ein entscheidender Grundbegriff der Metaphysik sei« und dass der » beste Zugang zum Dasein in Stimmungen wie Angst, Einsamkeit und Langeweile bestehe«.
Wie du siehst, bin ich nun nicht mehr darauf angewiesen, mich von dir auf eine höhere Ebene des Kosmos mitnehmen zu lassen, denn ab gestern habe ich selbst den Pilotenschein.
Wenn du Lust hast, können wir bei Gelegenheit ein wenig chatten.«

Der weibliche Herkules

»Design oder nicht Sein, das ist hier die Frage«,
ruft Ivo seinem Kollegen anstelle des andernbüros üblichen »Guten Morgen« zu. Ein Gruß, mit dem er jeden seiner Arbeitstage spät und unausgeschlafen beginnt. Er macht einen kleinen Frühsport, indem er reihum die Arbeitsplätze seiner Kollegen besucht. Gleichzeitig prüft er mit dieser Besichtigungstour den Stand ihrer Geistesblitze. Auf der Suche nach einer zündenden Idee ist er bei Frederik angekommen. Dieser hängt am Zeichenbrett wie ein schlecht ausgewrungenes Wäschestück und sieht elegisch der Reinmacherfrau zu, die allein, ohne fremde Hilfe, gerade eine Zeichenanlage zur Seite wuchtet. Bei der Anlieferung war sie von zwei Monteuren gemeinsam hereingeschleppt worden. Die Putzfrau schnaubt dabei geräuschvoll und bläht die Nüstern. Den Computer mit Beistelltisch schiebt sie weg, als wäre es eine Kaffeetasse. Verängstigt tritt Ivo zur Seite, als sie in seine Nähe kommt. Vielleicht reißt sie als Frühsport Telefonbücher auseinander, denkt er beklommen. Gefesselt schaut er zu, wie sie mit nackten Armen, die aus einer ärmellosen bundesdeutschen Kittelschürze ragen, lose zusammengedrückte, großformatige Lichtpausen und andere Bögen aus dem Papierkorb herausholt, um sie zum Container zu bringen. Ihr breites Hinterteil, dem man so zwischen fünfzig und siebzig Lebensjahre geben könnte, hebt und senkt sich im Rhythmus der Raffbewegungen.
»Wenn sie nur nicht gar so einfach strukturiert wäre«, murmelt Frederik. Beide Kreativlinge schauen wie gebannt dem Kraftpaket zu:

»Im Allgemeinen hält man sich eine Putzfrau nicht wegen ihres Reichtums an Geist. Sie ist quadratisch, praktisch, gut. Was willst du mehr?« kommt die gedämpfte Antwort. Und laut fährt er fort:
»Mensch Frederik, was stopft du denn da alles in den Abfallkorb? Du weisst doch, alle zeichnerischen Unterlagen, die nicht verwendungsfähig sind, müssen in den Fleischwolf. Der Boss ist unbarmherzig. Machst du das immer so mit dem Entsorgen?« Und er nimmt dem weiblichen Herkules den Abfall ab.
»Der Toner ist zu schwach, die Konturen auf diesen Exemplaren sind nicht mehr gut zu lesen. Soll ich denn wegen jeder Kleinigkeit extra eine Wanderung zum Shredder unternehmen? Ich hab' keinen Bock darauf, mich wegen ständigen Spazierengehens vom Alten anquatschen zu lassen.«
Der in seiner Arbeit behinderte weibliche Herkules verlegt sich auf die Generalprobe eines Polterabends. In der vor dem Bauch aufgehaltenen Schürze sammelt er alle greifbaren schmutzigen Tassen und Gläser zum Abtransport in die Spülmaschine. Der in einer Tasse nicht vermutete Kaffeerest macht auf der Reise in die Schürze eine Spritztour über die am Boden ausgebreiteten Entwürfe. Der Strahl bringt auf dem Weg dorthin auch etwas Farbe über ein weißes Schaumstoffmodell, das auf der Schreibtischecke steht. Unbeeindruckt von der kreativen Farbgebung zieht die Reinmachefrau mit ihrer Beute ab.
Ein dumpfes Gerumpel erschüttert wenig später das Stockwerk. Splitternde, knirschende Geräusche folgen. Es hört sich an, wie das Kalben eines Gletschers. Neugierig stecken die Anwesenden ihre Köpfe aus den Büros. Nach Ortung des Getöses ziehen sich die Designer grinsend zurück.
»Ich wollte doch nur unter dem Tisch den Boden wischen. Beim Wegziehen muss er irgendwie hängen geblieben sein...«
Bruchstücke von Exponaten in der Hand, schaut der weibliche Herkules treuherzig die Sekretärin an.
»War das etwas Wertvolles? Ich geh' damit mal in die Modellwerkstatt, Vielleicht kann man es kleben.«
Sie beginnt, in der gebauschten Schürze sämtliche Puzzleteile einzusammeln. Das unzeitgemäße Erscheinen des Chefs stoppt die Prozedur.

Er schaut auf das Werk der zerstörerischen Kraft des Zwitterwesens.
»Himmel, Herrgott!« Diese Worte stehen ihm eigentlich nicht zu, denn er zahlt keine Kirchensteuer. Der weibliche Herkules hört sie ohnehin nicht mehr. Der gewaltige Körper hat sich äußerst flink auf den Weg in die Werkstatt gemacht. Die Sekretärin muss sich den Rest der Litanei anhören.
»Das ist nun schon das fünfte Mal, dass sie mir Unikate ruiniert.«
Er schlägt mit beiden Händen ziemlich heftig auf den Tisch. Dann denkt er nach.
»Verbinden Sie mich doch mal mit dem Steinmetzgeschäft Bluthart; mit Herrn Bluthart persönlich. Aber schauen Sie vorher erst mal nach, wie mein Bundesbruder mit Vornamen heißt.«
»Grüß dich, Kurt, nur ganz kurz. Eigentlich hätte ich ja auch bis zum Meeting warten können. Aber die Angelegenheit liegt mir doch sehr am Herzen, und ich möchten Nägel mit Köpfen machen. Es ist so: ich habe da eine sehr tüchtige Kraft. Ich sag dir, die kann arbeiten, da wird es dir beim Zuschauen schwindelig. Wo findet man denn das heutzutage noch. Um es kurz zu machen: bei mir ist sie stundenweise als Reinmachefrau beschäftigt. Mehr Arbeit fällt hier für sie nicht an. Aber schließlich, man hat ja ein soziales Gewissen und gemäß unserer Satzung auch Verpflichtungen. Na ja, jedenfalls möchte ich ihr eine feste Anstellung mit Kranken- und Rentenversicherungsschutz verschaffen. Sie ist Witwe und bekommt nur eine kleine Hinterbliebenenrente. Ich könnte mir vorstellen, dass es in deinem Betrieb eine geeignete Arbeit für sie gibt. Ich bin sicher, sie kann dir sogar auf die eine oder andere Weise bei den Grabsteinen helfen. Sie ist wirklich außergewöhnlich kräftig. Die Demonstrationen ihrer Körperkräfte sind sehr eindrucksvoll…
Na, das wäre prima, ich geb' ihr also deine Adresse. Sie heißt übrigens Irmgard Klara Langer.«
Der weibliche Herkules hält trotz seiner eindrucksvollen Körperkräfte nichts von Grabsteinen. Weder von oben noch von unten betrachtet.
Irmgard Langer steht am Küchentisch und die Brotlaibe am Ende ihrer Arme streichen ungewöhnlich sanft über die immer mal wieder nach Hause gebrachten großen Bogen, die sich hervorragend dafür eignen, kleingeschnitten als Notizpapier verwendet zu werden. Nachdenklich

betrachtet sie die vielen rätselhaften Linien, Kurven und Zahlen auf dem großen Stück Papier.
»Schau mal, Mehmet«, sagt sie zum Schwiegersohn, »Was die da in dem Büro, für das ich sauber gemacht habe, für komische Sachen malen. Mehmet versteht wenig von Design aber viel von der deutschen Währung. Er sinniert, dreht und wendet die Bögen und sagt dann: »Allah ist mit dir, Oma. Weißt du, was du da zufällig heim geschleift hast? Das ist ein kompletter, CAD-erstellter Konstruktionszeichnungssatz eines neuen Maschinenentwurfs. Es kann durchaus sein, dass es da in meiner Heimat interessierte Abnehmer dafür gibt. Ich hör' mich mal um.«
Irmgard Langer hat in ihrem ganzen, langen, armen, arbeitsreichen Leben noch nie das Wort Betriebsspionage gehört. Als der Schwiegersohn eine für sie unvorstellbare große Menge brauner Scheine auf den Küchentisch blättert, beginnt sie wieder an Gott und eine ausgleichende Gerechtigkeit zu glauben.
»Mit dem Geld da«, sagt sie, als sie sich erholt hat, und ihre Stimme ist so energiegeladen wie ihre Augen, »kann ich glatt ein neues Leben anfangen. Ich kauf' mir eine Drehorgel und zieh' damit von Fest zu Fest und von Jahrmarkt zu Jahrmarkt; quer durch ganz Deutschland. Seit meiner Kindheit hab' ich davon geträumt. «
Tochter und Schwiegersohn, die sie sehr gut kennen, halten das für keine Falschaussage.

Erfahrung hat Vorfahrt

Der Boss sitzt auf dem Chefsessel hinter seinem Schreibtisch, ein wenig weitab vom Tische, weil sein Bauch ihn hindert, nahe heranzurücken.
Er zieht ein paar Mal nachdenklich den Rauch seiner Zigarette ein und beschaut sich sein Reich. Es ist so groß, dass es einer Herde indischer Elefanten Platz geboten hätte und hängt am überlangen Arbeitstisch, wie ein vom Mistral in die Horizontale geblasener Windsack.
Vom Aschenkegel weg, der sich zum Absturz vorbereitet, schaut er seiner eintretenden Sekretärin in das etwas teigig wirkende Gesicht. Der Blickkontakt senkt die Raumtemperatur jäh um zehn Grad Celsius. Erna Müller ist kein Name von markiger Noblesse. Vielleicht gehört sie

deshalb nicht zu der Sorte Frauen, die zu Hause einen Punchingball mit dem Gesicht des Vorgesetzten haben, um sich abends abzureagieren.

Seit Monaten bittet sie um eine Entlastung. Der Arbeitsanfall steigt mit der Expansion des Unternehmens kontinuierlich. Ihre Bemerkung, sie müsse sich im Büro bald eine Notschlafstätte einrichten, hat nichts gebracht, ausser einem Kugelblitz aus vorgesetzten Augen. Augen, die göttliche Milde nur vom Hörensagen kennen und die den Eindruck erwecken, als habe der Chef sie sich eigens bei einem Optiker als Waffe anfertigen lassen.

Zu jedem Vorstoß muss sich Erna Müller gehörig anfeuern. Das Surfen in den Kanälen der Unbotmäßigkeit gehört nicht zu ihren bevorzugten Eigenschaften, denn sie hält es mit den Worten des Apostels Paulus: »Seid untertan der Obrigkeit.« Zudem werden Debatten, die nicht nach der Vorstellung des Chefs laufen, gestoppt, indem er seine Stirne blaurot anlaufen und die Augäpfel hervortreten lässt, bis man die Äderchen in ihrer Hornhaut sieht.

Wie immer, wenn es sich um Geldangelegenheiten handelt, bringt dieser erneute Anlauf den ungewohnten Zug von Aufmerksamkeit in die Augen des Chefs und eine winzige Spur von Trauer, weil die D-Mark nicht mehr Thaler heißt und sich nicht mehr für alle gut sichtbar im Ziegenlederbeutel am Gürtel zur Schau stellen lässt.

Als befürchte er, doch eines Morgens beim Betreten des Büros seiner Sekretärin im Barchentnachthemd zu begegnen, gibt er plötzlich nach: »Wenn es Ihrer Ansicht nach unbedingt notwendig ist und es für Sie wirklich keine andere Möglichkeit gibt, so versuchen Sie es meinetwegen,« sagt er mit seinem distanzierten Mund unter der schmalen Oberlippe, der Worte auf Wanderschaft schicken kann, die lädieren, wie der Schwefelbrand des Wort Gottes. Und es klingt so, als würde er am liebsten noch anhängen, also, in Dreiteufelsnamen.

Die erste Bewerberin stellt sich vor. Sie trägt blonde, sorgsam zerzauste lange Haare und einen oberschenkelkurzen, schwarzen Lederrock, der auch als Nierenschutz durchgehen kann. Das Schauspiel der Beinarbeit ist gut einsehbar. Oben herum ist sie in ein wenig Trikotage gewickelt, die sich eng um ihren halterlosen kleinen Busen schmiegt und keinesfalls dem Zwecke der Verhüllung dient. Sie wirkt ein wenig wie eine Gefahr für die öffentliche Ordnung. Ihre breiten Wangenknochen sind verschwenderisch mit tief dunklem Rouge gepudert. Ebenso kräftig rot glänzen die nachgezogenen Lippen.

»Darf ich Ihnen unsere neue Mitarbeiterin vorstellen?« hört Erna Müller, als sie ins Chefzimmer gerufen wird und muss sich zusammennehmen, dass sie sich nicht bekreuzigt. Der Boss bietet seiner Besucherin gerade eine Zigarette an. Diese zieht gierig den Rauch ein, schlägt die langen Beine übereinander und stellt sie leicht schräg als befände sie sich in einer Talkshow. Die Gehwerkzeuge scheinen zum Draufstarren arrangiert zu sein.

Doch alsbald stellt sich heraus, die eingestellte Hilfe geht Frau Müller mehr auf die Nerven als zur Hand. Allein ihr Arbeitsbeginn ist eine überwältigende Darbietung. Die erste Handlung nach dem Betreten des Büros betrifft das Anwerfen der Kaffeemaschine. Während die Neuerwerbung genüsslich den Kaffee schlürft und süchtig an einer Zigarette zieht, schiebt sie Stifteschale, Zettelkasten, Klammerhefter und andere Schreibtischutensilien hin und her wie Schachfiguren. Sie spitzt Bleistifte an, die sich beim Strichmännchenmalen abnützen und sortiert Kugelschreiber nach Größe und Farbe. Radiergummi ordnet sie über Eck an und graviert ihre Initialen ein. Mit diesen Tätigkeiten verstreicht die erste halbe Stunde oder auch etwas mehr. Dann renoviert sie mit Hilfe eines Taschenspiegels ihre Fassade und nach einem »Also, jetzt«, das als Anfeuerung wie auch als Seufzer ausgelegt werden kann, ist sie bereit.

»Ach bitte, könnten Sie mir helfen?«

Ihr Wissen um die Reihenfolge des Deutschen Alphabets ist unvollkommen, so unvollkommen wie die Kenntnisse in Mathematik. Hilferufe und Zigarettenpausen füllen weitgehend den Vormittag und das Sekretariat ist nach vier Stunden voll mit Dampf wie ein türkisches Bad. Erna Müller erklärt daraufhin ihr Büro zur rauchfreien Zone und bereitet damit ihrer jungen Kollegin eine große Freude, denn diese Verbannung ist für sie Anlass, mehrmals am Vormittag einen Besuch in den männlich besetzten Büros zu machen, um dort ihre Entspannungszigaretten zu rauchen. Sie lehnt sich dabei lässig an die halbhohen Zeichenschränke, stützt sich mit dem Oberarm auf deren Oberkante und fährt sich mit der Hand am Hinterkopf vom Nacken aufwärts durch die Haare. Das linke Bein durchgedrückt, das rechte am Knie leicht angewinkelt und auf die Fußspitze gesellt, schlüpft sie mit dem nackten Fuß hinten aus dem Slipper und lässt die Ferse spielerisch kreisen. Die jungen und auch die nicht mehr so jungen Kreativen vergessen durchzuatmen. Sie ernennen das artistisch begabte Kind zu ihrer Muse. Sie beziehen Inspiration aus der Kombination von Minirock und langem Blondhaar und können den Psychologen durchaus beipflichten, die herausgefunden haben, dass sich eine erotisch aufgeladene Atmosphäre am Arbeitsplatz leistungssteigernd auswirkt und die Kreativität beträchtlich erhöht.

Der Boss sieht das nicht so. Bei einem seiner leisen Pirschgänge beobachtet er die Darbietung, die ihm sicher gefallen hätte, wäre sie für ihn inszeniert worden. Aber das ist sie ganz offensichtlich nicht. Also lässt er seine Stirne blaurot anlaufen, die Augen hervortreten und seine Stimme klingt zum Fürchten. Daraufhin sinkt die Muse in sich zusammen wie ein Souflé bei Seitenwind. Die Kenntnisse der Orthographie, die ihr in der Schule in kargen Mengen verabreicht worden waren, verflüchtigen sich nach diesem Schockerlebnis vollkommen. Sie gerät aus dem Takt und die langen, violett lackierten Fingernägel kämpfen mit der Tastatur. Mondphasen hin, Biorhythmus her. Ihre Schonzeit ist abgelaufen. Verdattert wie ein ausgemustertes Sektenmitglied von »Fiat Lux« verlässt sie die Stätte ihres einseitigen Wirkens. Erna Müller blinzelt hinter dem Berg liegen gebliebener Arbeit hervor der entthronten Muse nach und sieht alle Trümpfe auf ihrer Seite.

»Dem Lebensalter eine Null angehängt, diese Summe halte ich durchaus für eine angemessene Gehaltserhöhung« sagt sie in einer plötzlichen Aufwallung von Dreistigkeit, wie sie eine überstrapazierte Langmütigkeit leicht hervorrufen kann. »Und diesmal lasse ich mich nicht mit ein paar lobenden Worten und einer bedeutungsvollen Pause, die mich fühlen lassen soll, wie schwer dem Boss diese Absage ankommt, abspeisen. So wahr mir die Kündigungsschutzklausel helfe.«

Geld stinkt nicht.

Oder doch? Ein stetiger Streitpunkt zwischen Gläubigen und Ungläubigen. Wobei letztendlich auch die Ungläubigen Gläubige sind, glauben sie doch an die Macht des Geldes.

Es steht jedenfalls nicht gut um betuchte REIFE FRAUEN, die den Dax nur aus dem Biologieunterricht kennen und den Börsianer für ein Kleidungsstück halten, das von Brigitte Bardot lautstark geächtet wird. Bei solch geldlicher Unbedarftheit kann es schon mal passieren, dass, wie der Presse zu entnehmen war, ein Steuerberater gemeinsam mit einem Bankprokuristen eine 60jährige um zehn Millionen erleichtert und die alte Dame daraufhin völlig mittellos dasteht. Sie hinterläßt viel Eindruck als nun bettelarmes Hascherl, das sie bleiben wird, bis Gott den großen Riegel vorschiebt während ihre Geldverschieber mit Schlips die Flucht antreten und im Koffer ein bares Ruhekissen haben. Fiskalisch gesehen ist so ein Vorkommnis ein ungeheurer Imageverlust für REIFE FRAUEN. Es bietet zudem sofort ein neues Betätigungsfeld für Mafiosi, die sich gegen Schutzgebühr als vermögensverwaltender Vormund eben solcher Damen empfehlen. Frauen und Vormund, leiten sie dreist ab, ist eine heilsgeschichtlich konzipierte Führungsgeschichte.

Hätte die vergoldete alte Dame nicht im Goldenen Blatt, sondern im Handelsblatt gelesen, wäre ihr solch Übel nicht widerfahren.

Klar, die in Kapitalmarktfragen unbeleckte REIFE FRAU stakst hilflos durch den Begriffswald der Finanzen, verheddert sich im Börsentalk, betrachtet Aktien oder Investmentfonds als Teufelswerk und tritt daraufhin eher desorientiert und verwirrt ab. Sie verzichtet lieber auf Erträge, als sich eine satte Rendite zu beschaffen mit der konsumiert werden kann, was die Kreditkarte hergibt, bevor sie zur Schar ihrer Väter hinabsteigt.

Das ist nun auch wieder so etwas zum Grübeln. Ihre Tafelgeschäfte erschöpfen sich mit Verschieben von Banknoten in den Kochtopf und zwischen die Wäsche. Diese Art der Geldmittelverwahrung ergibt schon mal eine 100%ige Rendite, allerdings für Altkleiderverwerter, wenn sie aus den Taschen von ausrangierten Mänteln und Jacken Geldscheine ziehen, die dort von kleinmütigen Anlegerinnen deponiert und vergessen worden sind. So geraten alte Damen leicht in den Geruch der Wohltätigkeit getreu dem Gebot: »Schafft Euch Freunde mit dem ungerechten Mammon.« Soweit das Neue Testament.

Ein Tafelgeschäft der besonderen Art dachte sich eine italienische Witwe aus, die ihre Ersparnisse von umgerechnet fast 250.000 Mark in einem verwahrlosten Grab auf dem Friedhof eines norditalienischen Dorfes deponierte. Ein absolut sicheres Versteck, dachte sie, hatte aber nicht mit den aufmerksamen Friedhofswärtern gerechnet. Die stießen auf das in Plastiktüten verpackte Geld und übergaben es der Polizei, weil sie es nicht für eine Grabbeigabe hielten, sondern für versteckte Beute. Die Witwe nun, als sie mal schnell ein wenig Wechselgeld für den Bus brauchte oder einfach nachzählen wollte und nichts mehr fand, glaubte ihrerseits nicht daran, dass der Verblichene und amtierende Grabinhaber die Moneten als Schmiergeld zum Eintritt in das Paradies benötigt habe und ging ebenfalls zur Polizei. So löste sich viel Übersinnliches in harten Fakten auf.

Das Äußerste an Spekulation so manch REIFER FRAU ist das Sparbuch, obwohl Sparbuch-Zinsen nicht mal den Preisverfall ausgleichen. Dies ein Tatbestand, der von Banken so geheim gehalten wird wie die Höhe des Goldschatzes in Fort Knox.

Nichts kann gegen eine kleine Spekulation sprechen, geht doch die Bibel mit einer zukunftsweisenden Idee voran. Joseph, Sohn des Jakob, der von seinen Brüdern nach Ägypten verkauft wurde, was nicht unbedingt die feine Art unter Geschwistern ist, macht dortselbst Karriere, arbeitet sich vom Sklaven über Traumdeuter zum Großwesir hoch. Als solcher hortet er in den sieben fetten Jahren Getreide und verkauft es während der sieben mageren Jahre hochpreisig an die Ägypter, an Ausländer und auch an seine hundsföttischen Brüder, worauf er sich wieder mit ihnen versöhnt. Soweit diesmal das Alte Testament.

Heute ist diese Art der Spekulation bei Kleinanlegern etwas aus der Mode gekommen. Die Aktie hat Getreide und anderen sperrigen Gütern den Rang abgelaufen. Ist doch der Kauf von Wertpapieren weit einfacher. Ein Aktienkauf unterscheidet sich zwar vom Wochenendeinkauf auf grundlegende Weise, ist aber in unvergleichlich kürzerer Zeit abzuwickeln. Ein Telefonat mit einer Bank des Vertrauens, soweit aufspürbar, genügt. Und man hat daran nicht zu schleppen, weil die Bank für ihre Kunden ein Aktiendepot einrichtet, das mit einem Straßenbahndepot nur den Nachnamen gemein hat, sich aber ansonsten von diesem unterscheidet wie ein Elektrokardiogramm von einem Fahrtenschreiber. Professionelle Anlageberater haben für jede Summe den richtigen Rat parat. Ganz Gewiefte verkaufen einer Siebzigjährigen Papiere mit einer Laufzeit von zwanzig Jahren. Ein kurzes Stutzen wäre da angebracht, denn Geldtransfer in die Ewigkeit ist immer noch ungeklärt, irdische und himmlische Währung immer noch nicht kompatibel. Es freuen sich allenfalls lachende Erben.

Die REIFE FRAU greift, wenn überhaupt, nach kalkulierbaren Risiken und liebäugelt mit festverzinslichen Papieren. Sie bereiten keine schlaflosen Nächte aber auch kein Rauschen der Nervenzellen, denn Vollkasko ist eingeschlossen. Mit Aktien begibt man sich da schon eher auf brüchiges Gelände. Kursentwicklungen vorauszusagen gehört ins Fach der Propheten. Da soll es auch bleiben. Es gibt zwar auch an der Börse Regeln, die sich allerdings von Bauernregeln nicht einschneidend unterscheiden. Bei Beiden liegt die Logik im Komma. Nachzuprüfen an den Beispielen: »Kräht der Hahn auf dem Mist, ändert sich's Wetter oder es bleibt, wie es ist!« Parallel dazu die Börsenweisheit: »Je kürzer die Röcke, desto besser die Stimmung an der Börse!« Das macht Lust auf Börsenspiele. Ungefähr so... »Je kürzer die Röcke, desto liebestoller kräht der Hahn«... und nimmt dem Börsengerassel allen Schrecken. Richtig ist vielmehr, dass fallende Kurse durch seelische Blähungen der Börsianer verursacht werden und steigende Kurse durch hochsteigende Rocksäume. Ganz ehrlich, diesmal. Die Kuriosität zu Ende gesponnen, müssten demnach fallende Röcke statt fallender Rocksäume eine Hausse nie gekannten Ausmaßes auslösen. Ein bisschen Krieg irgendwo wirkt ebenfalls ungemein belebend auf das Börsenthermometer. Wie überhaupt Klatsch und Tratsch der Börsengewaltigen Kursfeuerwerke erzeugen können.

Die REIFE FRAU, die im Geldzirkus mitmischen möchte, wird nicht mit dem Vorsatz beginnen: Ich spare. Das wirkt destruktiv und hört sich nach Sozialhilfe und Sparstrumpf an. Es riecht auch so ein bisschen nach den Anlageformen: Enkel, Bettler, Opferstock. Die Gefahr, damit in die Geschichte zu kommen, ist sehr gering. Im Vergleich dazu klingt 'Ich bilde Kapital' gewaltig. Was aber, bei Nebel betrachtet, keinen großen Unterschied bei der Sache an sich macht. So gefahrlos kann es die REIFE FRAU zur (Re)-Aktionärin bringen.

Ein großes Fragezeichen gruppiert sich dann doch um das Problem der Kapitalbildung ohne das notwendige Material. Einnahmequellen von

Frauen hatten je nach sozialem Gefüge unterschiedliche Namen und unterschiedliche Höhen: Bürgersfrauen stand Nadelgeld zu, Bäuerinnen Eier- und Milchgeld, den Bauerntöchtern bei Verkauf von Rindviechern ein Schwanzgeld, Arbeiterfrauen das Flaschenpfand, quer durch alle Schichten indes das Schwarzgeld, wozu knauserige Ehemänner geradezu herausfordern. In schweren Zeiten knappen Taschengeldes hat so ein Geheimschatz viel Trost für die Frau parat.
Das Zentralorgan für zwischenmenschliche Beziehungen schlägt vor: Statt eines Alpenveilchentopfs zum Hochzeitstag, eine Klubmitgliedschaft im Aktienklub für Frauen. Und schon ist die REIFE FRAU bereit, gerührt zu sein.
Also dann – mutige Ehemänner vor!

Grundgesetz mit Schluckauf
Einschreiben mit Rückantwortschein

Sehr geehrte Frau Stadtverwaltung,
ein Geschlecht haben Sie bloß grammatisch. Trotzdem gebietet es die Höflichkeit, sie korrekt anzureden.
Sie haben mir zur Last gelegt, eine Ordnungswidrigkeit begangen zu haben. Eine unerquickliche Geschichte. Als langjährige, treue Bürgerin und Steuerzahlerin fühle ich mich dadurch von Ihnen vor die Türe gestellt.
Das Vergehen, das Sie mir vorwerfen, kann ich bei mir nur mit großen Schwierigkeiten als solches einstufen, war es doch aus meiner persönlichen Situation heraus pure Waghalsigkeit. Ironie der Entwicklung: Zwar habe ich für meine Tat nicht mit dem Bundesverdienstkreuz am Bande gerechnet, dafür ist mein Engagement für die Gesellschaft zu unbedeutend und meine Beziehungen zu dafür notwendigen Strippenziehern geradezu harmlos, aber eine Bestrafung meines Unternehmungsgeists – das ist nun in der Tat starker Tobak.
Spontan dem Aufruf unserer hohen Politik- und Wirtschaftsvertreter folgend, die mangelnde Eigeninitiative beklagen und mehr Mut zum freien Unternehmertum fordern, habe ich diesen Sprung im hohen Alter von fünfzig Jahren gewagt. In einem Alter also, da eine karierte Decke über den Knien und eine sonnige Gartenecke durchaus ihre Reize haben

können. Aber ich sagte mir: Vielleicht ist es im freien Unternehmertum luftiger, als in der Gartenecke. Vielleicht gibt es dort geistige Anstöße, die ein alternder Gehirnkasten ebenso dringend braucht wie Arthrosegelenke wärmende Strahlen? Vielleicht gibt es Leute zu treffen, fernab von der Engstirnigkeit, was die Sache noch angenehmer machen würde? Die reine Wahrheit sieht indessen so aus: Die Möglichkeit, vom Blitz getroffen zu werden ist um ein Vielfaches höher, als in meinem Alter, in dem die 60 schon im Vorgarten herumlungert, einen lukrativen Anstellungsvertrag zu bekommen. Deshalb also das Arbeiten mit dem Computer zu Hause. Und wie sich nun herausstellt, habe ich mich in den Fallstricken der Paragraphen verfangen; in Paragraphen, Absätzen und Unterabsätzen, die Sie mir in einem Bußgeldbescheid um die Ohren schlagen, denn ich habe der »zuständigen Gewerbebehörde meine selbständige Tätigkeit nicht angezeigt«, weil ich die selbständige Tätigkeit für eine freie hielt, die dergleichen Paragraphenhörigkeit nicht erfordert. »Unwissenheit schützt vor Strafe nicht,« oder so ähnlich sagten bereits die Kelten und haben sich darob aus mannigfaltigen Anlässen trefflich die Schädel eingeschlagen.

Ihr Kommentar auf meine Rechtfertigung, sehr geehrte Frau Stadtverwaltung betrübt mich sehr. Sagen Sie doch, meine Argumente wurden bei der Höhe der Geldbuße berücksichtigt, die immer noch satte dreihundert Mark beträgt, aber eine Einstellung des Verfahrens sei nicht möglich. Ich bin also eine gebrandmarkte Bürgerin geworden mit bestrafter Eigeninitiative.

Die Sache geht mir sehr nahe, denn es ist bereits das zweite Mal, dass sie mich zur Ordnung rufen. Vor einem Jahr legten Sie mir zur Last, mit meinem PKW innerhalb einer Grenzmarkierung nach § 12 Abs. 1, § 49 StVO geparkt zu haben. Damals habe ich eine fünfundachtzigjährige, stark gehbehinderte Dame in ihre Wohnung gebracht, nachdem ich mit ihr beim Zahnarzt war. Es gab keine andere Möglichkeit, in nächstmöglicher Nähe der Wohnung zu parken.

Sie nahmen sich viel Zeit zur Beantwortung meiner Einwände. Schrieben mir einen ganz persönlichen, freundlichen Brief, in dem sie Ihr Verständnis für meine Situation ausdrückten, es trotzdem aber nicht möglich sei, das Ordnungswidrigkeitsverfahren einzustellen und fügten einen Zahlschein in Höhe von dreißig Mark bei. Als Kennerin der

Aufwendungen des Bürokrieges weiß ich um die Höhe der Kosten, die das Schreiben eines solch individuellen Briefes erfordert. Fünfzig Mark sind die Untergrenze. Diese zusätzliche Belastung war Ihnen die Bestrafung meiner Hilfsbereitschaft wert.

Verwunderlich fand ich auch die Art, wie die Feststellung der Ordnungswidrigkeit zustande kam. Nicht eine Ihrer charmanten Hostessen hat das Vergehen festgestellt. Nein, ein Beamte aus der gegenüberliegenden Polizeiwache, der von einer wohlwollenden Anliegerin aufgefordert wurde, einmal aus dem Fenster zu schauen, was sich ihre Beamten unaufgefordert nie erlauben würden, hat die Sache ins Rollen gebracht. Das nun wiederum hat eine andere Anliegerin ausgeplaudert, die auf die nachbarliche Denunziantin aus Gründen einer unkorrekten Sauberhaltung des Gehsteiges nicht gut zu sprechen war.

Von Natur aus bin ich ein sanfter, verträglicher, geradezu argloser Typ, sehr verehrte Frau Stadtverwaltung, wie schon aus der Tatsache hervorgeht, quasi unter den Augen der Polizei etwas abseits der Legalität zu parken. Ich hätte mich mit Ihrer Strafmentalität irgendwie abgefunden, wären nicht seit einigen Monaten Mitteilungen in unserer gemeinsamen Tageszeitung zu finden gewesen, die mich irritierten. Unregelmäßigkeiten krimineller Art unter Ihrem Dach. 363 Fälle der Bestechlichkeit, der Untreue und der Untreue in Tateinheit mit Betrug mit hoher krimineller Energie und ungeheurer Dreistigkeit, wie der Richter formulierte.

Nun, meine liebe Frau Stadtverwaltung, Sie müssen sich da schon fragen lassen, hat Ihnen das jahrelange Wegschauen in dieser Sache nicht Schwielen an den Augenrändern verursacht? Noch mehr erschütterte mich ein kürzlich erschienener Artikel in der Tageszeitung, die auch die Ihre ist, in dem von einer 100.000-Mark-Spende für die Stadt berichtet wird. Eine lobenswerte Sache. Echt wahr. Die letzten Zeilen des Berichts sind es, die mich an der Gerechtigkeit der Welt verzweifeln lassen.

»Der Mann, der um 100.000 Mark ärmer ist und trotzdem noch strahlen konnte, hatte es plötzlich sehr eilig zu gehen. Weil er seinen Wagen falsch geparkt hatte. Sonst bekomme er noch ein Knöllchen. Gelegenheit für den OB, der gerade den dicken Scheck an die Stadt in die Hand gedrückt bekam, sich weitherzig zu zeigen: Wir regeln das schon.«

Aha.
Vor dem Gesetz sind alle gleich.
Liebe Frau Stadtverwaltung. Als kleine Hilfe für Ihre schwere Aufgabe der Sauberhaltung der Stadt, möchte ich Ihnen einen Besen schenken. Nicht so einen groben, wie ihn Ihre Kräfte vom Reinigungsdezernat sicher in ausreichender Menge besitzen. Nein, einen völlig andersgearteten, einen fein strukturierten, der Sie in die Lage versetzt, auch feinsten Mist aus Fugen und anderen Unebenheiten herauszuholen.
Zusammen mit der Kehrhilfe möchte ich Ihnen einen Kalenderspruch um die Ohren hauen, wie sie es bei mir mit den Paragraphen taten.
Verzeihen Sie, dass ich jetzt zum vertraulichen Du übergehe. Der Inhalt der Botschaft macht es erforderlich:
»Kehr aus damit, kehr' gründlich aus,
Zuallererst Dein eigen Haus,
Und ist es rein in Ehren,
Dann hilf dem Bürger kehren.«

Mit etwas beschädigter Hochachtung:
Ihre weiterhin treue Steuerzahlerin.

3. Sie und Er und Vibrationen

Ungehorsam ist die schlimmste Plage

Nach einer Umfrage der Zeitschrift »PM« hätten 81 Prozent der Männer bei ihrer Traumfrau gern einen sinnlichen Mund, 77 Prozent volle Brüste, 75 Prozent lange Haare und 74 Prozent eine schlanke Taille. Oha, denkt die REIFE FRAU, die solches liest und sich ihrerseits durch eine ganze Menge Frösche hindurch küssen musste, bevor ein Prinz darunter war. Sie dreht den Spieß um.

»Verdient dieser Mann mein Interesse? Ist er meine Zeit wert? Finde ich ihn attraktiv?« fragt sie laut, sie, die jederzeit und auch noch als sehr REIFE FRAU zu faire l'amour fähig aber nicht unbedingt bereit ist.

Beim Weiterlesen entsteht der Eindruck, als hätte die Umfrage in der obersten Bildungsschicht stattgefunden. Unter Personen, die sich ordentlich mit humanistischer Bildung bekleckert haben. Denn »Ungehorsam ist die schlimmste Plage«, sagte Kreon zu Antigone. »Wir dürfen es nicht zulassen, dass Frauen uns Lektionen erteilen. Sie müssen Frauen bleiben und nicht ständig ihren Willen durchsetzen.«

Gelebter geistiger Überblick also muss der Grund dafür sein, weshalb nicht einmal ein Drittel der Männer an ihrer Traumfrau die Eigenschaften gebildet, selbstbewusst und intelligent suchen. Ganz am Ende der Skala steht die Eigenschaft »Weisheit«, die ganze drei Prozent der Männer anmacht.

Die Strafe der Verbannung für Verschmäher weiblicher Intelligenz ist hart, aber lohnend.

Kann es sein, sinniert die REIFE FRAU besorgt, dass es die eingangs zitierten Auswahlkriterien sind, die nur viereinhalb Prozent der Frauen in die Besoldungsstufe C 4 der ordentlich bestellten Lehrstuhlinhaberinnen bringen? Dies ist, man muss es so ungeschützt sagen, ruinös unzeitgemäß.

Sie wird sprachlos, wenn ihr Phänomene beggenen, die sich trefflich darauf verstehen, stundenlang über den Begriff »Chancengleichheit« zu referieren, dabei durch ein Dickicht von Spezialbegriffen tänzeln als seien sie Lipizzaner in einer Gala und gleichzeitig von Redundanztheorien sprechen. Sobald aber eine Frau an das Rednerpult tritt, wird getuschelt, geschlafen, werden Akten studiert, kurzum völlige Interesselosigkeit an den Tag gelegt. Weil Frauen mit den Eierstöcken denken und mit der Klitoris sprechen?

Es ist die Zeit, da homosexuelle Paare in den Stand der unheiligen Ehe treten, die Vaterschaft immer ungewisser wird, in einem Haushalt Kinder aus drei verschiedenen Partnerschaften miteinander streiten, Begriffe und Wirklichkeit sich scherenförmig öffnen: aber immer wieder spannend, obschon nicht neu, ist die unendliche Geschichte von den Frauen, die sich finanziell unabhängig machen, wenn nicht gar profilieren wollen, weil ausgehalten werden schlecht auszuhalten ist. Aber davor steht die Absage an das Allmachtsprinzip.

»Soll ich am Staub der Geometrie hängen bleiben?«

fragte sich Seneca im ersten Jahrhundert nach Christus. Die Fragestellung lässt auf die Anwort »Nein« schließen.

Nein, sagen auch seine Anhänger und rechnen im fortgeschrittenen Alter bei der Wahl der Lebensgefährtin gern nach folgender Formel: Eigenes Lebensalter geteilt durch zwei plus/minus einiger Jährchen. Je besser es in einem fernen Zustand der mathematischen Exaktheit gelingt, den Minusfaktor hochzusetzen, desto größer ist die Anerkennung unter Wesensgleichen.

Eine knallharte Analyse der hier aufgezeigten Arithmetik ergibt, dass es die oft zitierte mathematische Unterbelichtung sein muss, die reife Frauen nur ganz, ganz selten zu eben solcher Rechnung befähigt.

Bei berechtigten Befürchtungen, Opfer des Rechenexempels zu werden, können sie, die mathematisch Unterbelichteten, dann aber blitzschnell dieses angedichtete Manko widerlegen, indem sie alle Steuerbescheide kopieren, Geheimnummern mit zugehörigem Kontostand notieren und monetäre Auslandstransfers protokollieren, weil scheidungswillige Rechenkünstler im Ernstfall den mutmaßlichen Spatzenhirnen gern glauben machen möchten, man habe all die Jahre knapp über dem Sozialhilfesatz verdient. Aus Gründen der Fairness jedoch darf nicht verschwiegen werden, dass hin und wieder aus armen Opfern raffinierte Täterinnen werden können, die mit Scheidungshopping zu Wohlstand gelangen, was indes die mathematische Unterbelichtung ebenfalls gründlich widerlegt.

Nicht ganz frei von Neid auf die Kombination Jung/Alt testet eine dieser abgelegten reifen Frauen ihren Marktwert und sieht sich fast durchweg umworben von Typen, die gut beraten wären, sich um einen Platz im Himmel umzusehen, die aber ohne angebrachten Weitblick die irdische Versorgung der ewigen vorziehen. Am Beispiel einer Kleinanzeige wird die ganze Misere sichtbar:
Warum nicht? Netter Single, 61, sucht einfache, gern auch ältere, mollig-vollbusige Sie, die gut kochen kann und auch Zärtlichkeit sucht. Chiffre 7487390 an die Zeitung.
Heiterkeit liegt beim Lesen der Kontaktsuche in der Luft, obwohl sie fast den Tatbestand der Rufschädigung erfüllt. Ohne Zweifel wäre solch eine Bekanntschaft für den einundsechzigjährigen Single ein Gewinn. Doch dem Manne muss einfach mal gesagt werden, was sich abgeklärte Frauen wünschen, gesetzt den Fall, sie konkretisieren ihre Träume von einer erneuten Zweisamkeit und begeben sich noch einmal auf den Glückspfad. Die in der Anzeige geforderten Attribute dürften aber schwerlich ein Grund dafür sein. Nach dem früheren, leichtfüßigen Schlendergang durch die Zeiten gibt nun abgekühltes Blut und ebensolche Begierde den Ton an. Aber gewiss nicht die Bedürfnisse des Mannes allein sind ausschlaggebend für die Ausgestaltung der Lebensgemeinschaft. Ab einem gewissen Alter gelten bei der Partnersuche neue Kriterien. Es wird nicht mehr danach zu urteilen sein, ob ER ihre Lieblingsfarbe trägt oder ob SEIN Geburtsjahr ihre Glückszahl ist. Seine Haare – sollten sie noch nicht vollständig die Flucht angetreten haben – müssen nicht in der von ihr bevorzugten Struktur sein. Abweichend von der Werbung rangiert im illusionsbefreiten Leben Inhalt vor Verpackung. Und eine gewisse Weitsicht ist schon mal angebracht: Wichtiger als die Tauglichkeit zum Rosenkavalier ist die zum Rollstuhlkavalier und Wasser sollte in den reifen Beinen weniger störend empfunden werden als im Wein.
Mit dem Lächeln der Weisen auf den Punkt gebracht: Sie bleibt auf der Vorfahrtstraße, wenn sie bedrängt wird von einem Ich, das über die Ufer getreten ist und ergriffen psalmodiert: »Ich bin der Herr, Dein Gott. Du sollst keine anderen Götter neben mir haben« und mit der ausgebuchteten Krokodillederbrieftasche herumfuchtelt und weiter blökt: »Dies alles will ich Dir schenken, wenn Du niederkniest und

mich anbetest.« Kurzum, eine menschlich-neurotische Katastrophe. Denn von Verbrennungen ersten Grades hat sie die Nase voll, aber nichts gegen theologische Bildung, solange diese sich nicht nur auf die 96. These Martin Luthers bezieht, die nicht an der Schlosskirche zu Wittenberg angeschlagen war und trotzdem männliches Volksgut geworden ist: »Ich bin zur Haushaltung sehr ungeschickt.«
Doch ein bisschen Traum muss sein. Wenn sie denn zu wählen hätte zwischen James Bond und Rübezahl... Ja, dann?

»Ein Altertumsforscher sei als Ehemann sehr günstig«, meinte Agatha Christie, als die einen um dreizehn Jahre jüngeren Professor für vorderasiatische Archäologie heiratete. »Denn je älter die Frau werde, desto interessanter sei sie für ihn.«

Für die, denen nicht zufällig ein Altertumsforscher über den Weg läuft, heißt es einfach, ein klein wenig Geduld zu haben.
Will man der Wissenschaft glauben schenken, wartet im neuen Millennium eine ganze Industrie mit einer Palette von Hilfsmöglichkeiten auf, um vor lästigen Nebenwirkungen des Alterungsprozesses zu bewahren. »Implantate und Ersatzteile aus körpereigenen Bausteinen werden bald retortenmäßig gezüchtet werden.« Gentherapie, plastische Chirurgie, Fitness und Health Food verleihen zwar nicht ewige Jugend, dafür aber ewige Alterslosigkeit im Liegen, Stehen, Sitzen, Lehnen, sich Aufbäumen und Abknicken. Alles Störende wird weg operiert wie ein aufsässiger Wurmfortsatz. An der Gehirntransplantation wird bereits gearbeitet. In den Zukunftskonzepten heisst die Ewigkeit Eternity. Ob das wohl hilft? Die Bemühungen gehen offensichtlich dahin, an die Lebenserwartung des »Alten Bundes« anzuknüpfen. Von dort wird Eindrucksvolles berichtet. Nachdem der HERR mit der Sintflut all das sündhafte Gesocks ausgeschaltet hatte, verlieh er Noah, der zum Zeitpunkt der totbringenden Bewässerung immerhin bereits sechshundert Lenze zählte, weitere 350 Jahre. Wie überhaupt die Lebenserwartung in der damaligen Zeit nur in Hundertersprüngen gemessen wurde. Es wimmelt nur so von Zwei- Drei-, Vier- und Fünfhundertjährigen. Hauptdarsteller Abraham durchbrach fast die Schallmauer der Tausendergrenze. Ihm gelang es in seinem hundertsten

Lebensjahr, sozusagen in der Blüte seiner Jahre, seinen Sohn Isaak zu zeugen. So gesehen steht die Wissenschaft vor gewaltigen Aufgaben. Das mag alles angehen, solange aus den ewig Alterslosen nicht alterslose Zombies werden. Ängstlichen, denen das Vertrauen in Chirurgenmesser und -hände durch Ausplaudern von medizinischen Internas abhanden gekommen ist, wie dem Entfernen des rechten Beins statt der Mandeln, werden aufgemöbelt mit der Parole: »Falten als Schmuckstück«, wogegen die Schmuckindustriegewerkschaft auf schärfste protestieren wird, weil das gemessen am Beispiel der Alterspyramide einen ungeheuren Umsatzrückgang zur Folge haben kann. Eine andere Beruhigungsspritze hat folgenden Inhalt: »Menopause und Midlife verschieben sich jährlich weiter nach oben. Außerdem verwischen sich durch den Zerfall der Familien die früheren Generationsgrenzen und Geschlechterrollen. Jeder sucht sich den Platz, der ihm persönlich behagt. Waren reife Frauen sexuell jahrhundertelang auf dem erotischen Abstellgleis, so werden sie im nächsten Millenium die neuen Sexsymbole sein.«
Die Leserin mit Anspruch auf Desillusionierung ist verblüfft. Auch auf eigenartige Weise ratlos, weil es ihr behagt hätte, endlich nicht mehr alles zu müssen, nicht mehr alles zu können und nicht mehr alles zu wollen.
Um sich die Zeit bis zum Einsetzen der Körperhuldigungen zu vertreiben, erzählt die REIFE FRAU ihren Enkelinnen Geschichten. Aus erzieherischen Gründen statt des Märchens von der kleinen Seejungfrau lieber die Fabel vom eitlen Pfau:
Ein Pfau stelzt blasiert und gelangweilt in seinem Gehege umher. Er stellt ein wenig die Schwanzfedern auf und schaut sich um. Unbeeindruckt vom Imponiergehabe ihres Begatters picken die Hennen weiter in den Rasen. Verärgert über die Missachtung verlässt der Hühnervogel durch eine Lücke im Zaun das Gelände. Im Nachbargarten findet ein Wissenschaftskongress der gefiederten Zunft statt. Das Motto lautet: »Die adaptische Radiation der weiblichen Spezies vom mittleren Pleistozän bis zu http://www.ornith.de.« Es haben sich eine große Anzahl von Vogeldamen versammelt. Der Pfau, berauscht von so viel Weiblichkeit, stolziert in der Menge umher, lässt den Blick prüfend über die Versammlung wandern und trippelt auf eine Paradiesvogeldame zu.

»Hallo, schöne Dame«, sagt er, reckt den Hals und schlägt ein Rad. Er tänzelt ein wenig nach rechts, ein paar Schritte nach links, legt den Kopf schief und fragt: »Was suchst Du denn in dieser verbiesterten Gesellschaft?«

Mit Herablassung in Stimme und Haltung sagt sie zum Pfau: »Säße Dein Spezialtalent im Kopf und nicht im Schwanz, hättest Du das Wesentliche längst kapiert.«

Amouröse Spritztour nach Utopia

Ein Blickkontakt. Noch einer. Ein dritter.

Ein verstohlener Blick in den Taschenspiegel sorgt für Klarheit. Renate kann nicht glauben, was sie erlebt. Sie hält den jungen Mann, der drei Tische weiter sitzt, für kurzsichtig.

Auf der Nachhausefahrt tauscht sie wie unabsichtlich im Autoradio ihren Oma-Sender gegen Heavy-Metal-Hip-Hop aus.

Am nächsten Tag in der Mittagspause wiederholt sich im Restaurant das Pingpongspiel der Blicke. Ihr Lächeln, das sie versuchsweise auf den Weg schickt, bekommt beim dritten Anlauf Temperatur, seine Hautfarbe ebenfalls.

Abends dann kramt sie unter dem Vorwand Ordnung zu schaffen in Schubladen und fördert ein winziges Stück jugendlich grellbedruckter Seide zu Tage, das sie sich am nächsten Morgen um den Hals knüpft, der Ermüdungserscheinungen zeigt.

Es werden Herzrhythmusstörungen sein, redet sie sich ein, da ihre Pumpe ein wenig aus dem Takt kommt, als sich der junge Mann an diesem Tag an ihren Tisch setzt.

Vor der Tat halt gut Rat, sagte ihre Großmutter immer in entscheidenden Augenblicken. Darauf kommt sie zurück, als sie gefragt wird, ob sie nicht Lust habe, mit ihm zusammen die Ausstellungseröffnung »Neuzeitliche Formen am Ende des zwanzigsten Jahrhunderts« zu besuchen. Und geht mit.

Zwischen geföhnten Bubis und gestylten Pseudo-Models flanieren die verantwortlichen Künstler, die ehrfürchtig auf ihr Oeuvre starren und im übrigen aussehen, als hätten sie unter den Brücken genächtigt. Es wird mit betroffenem Gesicht viel dummes und schales Zeug gestammelt, so schal, wie der Sekt, an dem dabei distinguiert genippt wird.

Renate steht tiefsinnig vor einem Haufen aus Ziegelsteinen auf schwarz lackiertem Sockel und versucht zwischen der Überschrift »Häuser unter Wolkendecke« und dem Abrissschutt, den sie sieht, eine Verbindung herzustellen. Sie möchte nicht allzusehr auffallen und versucht ebenfalls Betroffenheit zu zeigen, als sie vor einem Arrangement aus einem gelben Blechwecker, einem schwarzen Hut und einer griechischen Vase stehen. Sie schaut von ihrem Begleiter in den Katalog und liest: »Es ist, als ob eine Antilope im Herzen der Savanne die Antennen zum Schutz gegenüber der beklemmenden Nacht ausfährt« und wäre vor lauter Nachdenken müssen fast in die angrenzende Konstruktion aus Stahl- und Plastikteilen mit dem Namen »Weltbrücke« gefallen. Sie kommt sich ziemlich bescheuert vor, weil sie so tut, als gefalle ihr diese Art von Kunst, die sie für Verarschung hält.
»Lass' uns abhauen«, sagt sie zu ihrem Begleiter. Sie setzen sich in den Garten des Französischen Restaurants Le Gourmet. Die Kronen dreier Kastanienbäume teilen sich den Luftraum über dem Freisitz und spiegeln ein Dach vor, unter dem sich kleine, runde Tische verstecken. Der Mond zeigt hie und da zögerlich ein wenig Präsenz, lässt aber nur gerade so viel seines blassen Lichtes zwischen den Blättern hindurch rieseln, dass Gefahr zum Närrischwerden nicht besteht. Sie fühlen sich durch die beträchtliche Dunkelheit nicht weiter gestört.
Er rückt seinen Stuhl im knirschenden Kies näher an den ihren. »Was wollen wir essen« fragt er und schaut verklärt in ihr Gesicht statt in die Karte.
Sie macht Vorschläge und er hört überhaupt nicht zu, nickt aber beglückt. Während sie auf das Essen warten, versucht er immer wieder mit schüchterner Behutsamkeit, ihre Hand zu fassen. Sie erzählt gestikulierend kleine amüsante Geschichten aus dem Job und weiß selbst nicht, ob sie sich mit diesen Bewegungen bewusst seinen Berührungen entzieht oder ob sie von ihren Händen ablenken will, die ebenfalls Ermüdungserscheinungen zeigen. Ein fremder Wind fährt durch die Baumkronen und legt eine Kastanienblüte, die ihre Schwestern überlebt hat, auf den Tisch. In einer sympathischen Art von Verlegenheit setzt er sich die Blüte auf die flache Hand und bläst sie an. Als hätte das Blumenkind die Weisung verstanden, hebt es flach ab und lässt sich auf ihrem Unterarm nieder, der neben dem Gedeck auf dem Tisch

liegt. Da lächelt er verwirrt und überrascht über das gelungene Kunststück. Wäre das Licht der versteckt stehenden Lampen heller gewesen, hätte sie eine feine Röte in sein Gesicht steigen sehen.
Noch bevor das Essen aufgetragen wird, steht sein Stuhl bereits so nahe an dem ihren, als säßen sie auf einer Bank. Sein Blick ist auf eine Weise verklärt, dass sie fürchtet, er könne jeden Augenblick damit beginnen, den Mond anzuheulen. Vorsorglich schließt sie einen Knopf ihrer tief offenstehenden Bluse. Der servierte Loup-de-mer stoppt rechtzeitig ein Überschwappen des Gefühlspottes und zieht die Aufmerksamkeit auf sich. Zwei Crevetten wedeln mit einem Dillstengel am Tellerrand und hängen ihre rotgesottenen Schwänze in den Safranschaum, der den aufgebahrten Fisch gnädig zudeckt.

Als Renate beginnt, sich vor jeder Begegnung mit ihm aufzubrezeln, taucht zum ersten Mal die Spukgestalt hinter ihr auf, die ihr ähnlich sieht, wie sie feststellen muss, wenn sie im Spiegelbild neben ihr höhnisch grinst. Renate schließt die Augen, um das Phantom nicht sehen zu müssen und stellt sich vor, welches Licht in seine graublauen Augen käme, wenn sie der Versuchung nachgeben würde, mit ihrer Hand seinen sauber ausrasierten Nacken hochzufahren.
Alarmglocken schrillen und sie bedient sich ihres praktischen Verstandes, der sich aber immer öfter Urlaub nimmt und nie zu Hause ist, wenn er gebraucht wird.
»Warum eigentlich nicht ein Junger?« fragt sie sich, wenn die Spukgestalt sie einmal nicht terrorisiert und probt den Ausbruch aus gesellschaftlicher Norm, weil die Liebe nie die Parität der Welt erblickt hat und weil einmal mit der Rollenverteilung nach Laune und Belieben Schluss sein muss. Vielleicht stimmt es ja wirklich, was er sagt, und für ihn sind junge Mädchen fad und ihre Gesichter sind leer und austauschbar und er kann nichts mit ihnen anfangen? Vielleicht ist das ein junger Mann mit Grips, der gern aus dem Vollen schöpft?
Einfach nur so, um zu sehen wie einem so etwas steht, wirft sich Renate in Dessous. Der Schnitt muss aus einer Zeit stammen, als Spitzen nur auf Bezugsscheine zu bekommen waren. Kaum steckt sie in den Winzlingen, beginnt sie unzufrieden grunzend mit dem Fleischermesser an sich herumzuschnippeln; reißt die Schultern hoch,

damit die Brüste dort sitzen, wo sie hingehören und versucht zwischendurch mit Drohgebärden das hinter ihr stehende Gespenst, das unverschämt feixend ihre Bemühungen beobachtet, zu verscheuchen. »Mach Dich dich nicht lächerlich. Du wirst auf den schlüpfrigen Bemerkungen, die man über Dir dir ausschütten wird, ausrutschen«, hört sie es geifern. »Altes Holz brennt wie Zunder«, höhnt es weiter. Der pure Neid, denkt Renate trotzig.
Der junge Mann bringt sein rechtes Wangengrübchen ins Spiel, das er ihr vertieft immerzu vorführt, in der Hoffnung, sie falle hinein.
»Du wirst so schrecklich leiden, dass du dir wünschen wirst, dich nie auf das Spiel eingelassen zu haben. Es wäre der erste junge Mann, der nicht zur Jugend zurückkehrt, sobald er sein Mütchen gekühlt hat«, hört sie das Gespenst missgünstig raunen, als sie ins Grübchen plumpst.
»Hör auf«, schreit sie zurück und zieht den Stecker.

»Hör auf zu heulen« wird sie von ihrer Geisterschwester empfangen, als sie neben dem Grübchen wieder zu sich kommt und von ihr wiederbelebt wird.
Renate stillt ihr Herzbluten mit einer neuen Frisur, klebt auf die schmerzenden Stellen neue Klamotten und sagt zum Selbstbewusstsein Prost. Sitzt sie trotzdem manchmal traurig herum, wie das Trinkgefäß eines krepierten Vogels, pirscht sich die kalte Leere an und rüttelt und zerrt an ihr, dann schließt sie die Augen und guckt Dias von der Reise nach Utopia und sofort wird ihr warm und sie wickelt sich in die Wärme wie in ihren alten, zerschlissenen Frotteebademantel.

»Bei Liebeshändeln sollten Sie alte Frauen vorziehen«
Brief des amerikanischen Schriftstellers, Staatsmanns (Mitunterzeichner der amerikanischen Unabhängigkeitserklärung von 1776) und Naturforschers Benjamin Franklin vom 25. Juni 1745 an einen jungen, aber heiratsscheuen Mann.

Mein lieber Freund!
Ich weiß von keiner Medizin, die geeignet wäre, die heftige, natürliche Neigung, die Sie erwähnen, zu verringern, und wüsste ich eine, so

glaubte ich nicht, dass ich sie Ihnen mitteilen würde. Der Ehestand ist das richtige Heilmittel. Er ist für einen Mann der natürlichste Stand und deshalb derjenige, in dem Sie ein dauerhaftes Glück finden werden. Der Grund, der, wie Sie sagen, Sie abhält, gegenwärtig in ihn einzutreten, scheint mir nicht recht stichhaltig zu sein. Die vorteilhaften Umstände, die Sie im Auge haben, wenn Sie Ihren Entschluss aufschieben, scheinen mir im Vergleich zur Sache selber, dass Sie also verheiratet und etabliert sind, unbedeutend zu sein. Nur vereint werden Mann und Frau zu einem ganzen menschlichen Wesen. Getrennt fehlt ihr seine Körperkraft und Verstandesstärke, ihm ihre Sanftmut, Eindrucksfähigkeit und ihr scharfes Unterscheidungsvermögen. Zusammen haben sie alle Aussicht, es in der Welt voranzubringen. Ein einzelner Mann hat nicht annähernd den Wert, den er im Stande der Vereinigung haben würde. Er ist ein unvollständiges Lebewesen. Er gleicht einer überzähligen Scherenhälfte.

Wenn Sie eine gescheite, gesunde Frau bekommen, wird Ihre Geschicklichkeit in Ihrem Berufe in Verbindung mit ihrer klugen Wirtschaftlichkeit ein ausreichendes Vermögen bedeuten.

Wenn Sie aber diesen Rat nicht befolgen wollen und bei Ihrer Überzeugung beharren, ein Verkehr mit dem anderen Geschlecht sei nicht zu vermeiden, dann wiederhole ich meinen früheren Rat, dass Sie bei Ihren Liebeshändeln alte Frauen jungen vorziehen sollten. Sie nennen das paradox und fragen mich, wie ich das wohl begründen wollte. Dies sind meine Gründe:

1. Weil sie mehr Weltkenntnis besitzen und weil ihr Geist an Erfahrungen reicher, weil ihre Unterhaltung nutzbringender und auf die Dauer angenehmer ist.

2. Weil sie, wenn sie aufhören, hübsch zu sein, sich befleißigen, gut zu sein. Um ihren Einfluss auf den Mann nicht zu verlieren, ersetzen sie das Weniger an Schönheit durch ein Mehr an Nützlichkeit. Sie lernen es, tausend Dienste – sowohl große wie kleine – zu erweisen, und sind die zartfühlendsten und nützlichsten aller Freunde, wenn Sie krank sind. So fahren sie fort, liebenswert zu sein. Und daher findet sich so selten eine alte Frau, die nicht eine gute Frau wäre.

3. Weil keine Gefahr besteht, dass Kinder kommen, die, nicht regulär erzeugt, große Unannehmlichkeiten im Gefolge haben können.

4. Weil sie größere Erfahrungen besitzen und daher klüger und vorsichtiger verfahren, wenn es sich bei einem Liebesverhältnis darum handelt, jeden Verdacht zu vermeiden. Der Verkehr mit ihnen ist daher sicherer mit Rücksicht auf Ihren Ruf. Und was ihren Ruf angeht, so könnten verständige Menschen, falls die Sache doch ruchbar werden sollte, wohl geneigt sein, eine alte Frau zu entschuldigen, die sich eines jungen Menschen freundlich angenommen, seinen Charakter durch ihre guten Ratschläge gebildet und verhindert hat, dass er seine Gesundheit und sein Vermögen bei käuflichen Prostituierten zusetzt.
5. Weil bei jedem Tier, das aufrecht geht, der Mangel an den Säften, die die Muskeln füllen, zuerst im höchst gelegen Teil seines Körpers sichtbar wird. Das Gesicht wird zuerst schlaff und runzelig; dann der Halt; dann die Brust und die Arme. Die niederen Teile bleiben bis zuletzt so drall wie nur je; wenn man daher den ganzen Oberkörper mit einem Korbe bedeckt und nur das betrachtet, was sich unterhalb des Gürtels befindet, so ist es unmöglich, eine alte Frau von einer jungen zu unterscheiden. Und da in der Nacht alle Katzen grau sind, ist das Vergnügen des körperlichen Genusses bei einer alten Frau mindestens ebenso groß und häufig gar noch größer: ist doch die Fertigkeit durch Übung verbesserungsfähig.
6. Weil die Sünde kleiner ist. Die Verführung einer Jungfrau kann ihr Ruin sein und sie für ihr ganzes Leben unglücklich machen.
7. Weil die Gewissensbisse nicht so groß sind. Das Bewusstsein, ein junges Mädchen unglücklich gemacht zu haben, kann oft zu bitteren Betrachtungen Anlass geben; doch nichts dergleichen ist zu befürchten, wenn man eine alte Frau glücklich gemacht hat.
8. und letztens. Sie sind so dankbar!!! Soviel zu meinem Paradoxon. Gleichwohl rate ich Ihnen noch immer, auf der Stelle zu heiraten; denn ich bin aufrichtig.
Ihr sehr ergebener Freund Benj. Franklin

Dear Mister Franklin,
der Schatten, den Ihr Brief wirft, ist sehr, sehr lang. Doch sieht man von der einseitigen Verwendungsmöglichkeit, für die Sie uns vorschlagen, einmal ab, kann auch sehr viel Positives aus Ihrem Schreiben herausgelesen werden.

Was aber die Ziffer 5 angeht, Sir, so haben wir uns gestattet, auch Ihre oberen Teile bis unterhalb der Gürtellinie gedanklich mit einem Korbe zu bedecken. Ihr unbedeckter Rest ist für uns – mit Verlaub gesagt, Mister – keine wahre Sinnenfreude. Hervorheben möchten wir, dass konträr zu Ihrer Meinung für uns auch in der Nacht nicht alle Kater grau sind, und wir an losgelösten Funktionen, die aus einem harmonischen Zusammenspiel herausgerissen werden, nicht interessiert sind.

Die Arroganz der Ziffer 8 jedoch, Sir, geht entschieden zu weit. Sie können sich Ihre Almosen, die zudem an großer Unbeständigkeit kranken, an den Hut stecken.

Ihre nicht sehr ergebenen REIFEN FRAUEN.

Der Ruheständler an ihrer Seite

Kaum hat Edeltraud gelernt, sich mit den Nischen zu arrangieren, die ihr das Rentnerinnendasein bescheren, verändert ein Ereignis von unvorhersehbarer Tragweite ihr Leben aufs Neue: Der Mann an ihrer Seite tritt ebenfalls in den Ruhestand und damit noch einmal in ihr Leben.

Plötzlich aller wichtigen Funktionen ledig, mit dem Verwirrspiel von Schein und Sein nicht mehr konfrontiert, ist er mit sich allein. Orientierungslos mäandert er durch das Haus.

Aufgescheucht aus liebgewonnenen Gewohnheiten, kauft sie sich erschreckt den Ratgeber: »Mit dem Ruheständler leben lernen«, hat aber keine Zeit, darin zu lesen, denn der Ruheständler fordert viermaligen Essensdienst ein und zerhackt damit den Tag in lauter kleine unbrauchbare Einheiten.

Selbst noch ein Fremder im Gewand des Privatiers, ist er erst mal aus Gewohnheit weiter hyperaktiv, eine Eigenschaft, die Mediziner als Aufmerksamkeitsdefizit diagnostizieren.

Edeltraud fühlt sich beobachtet, gar kontrolliert und atmet auf, als er das Thema »Erfüllter Lebensabend« ergreifend direkt angeht: All die seit Jahren anstehenden Kleinreparaturen werden in Angriff genommen. Und endlich wieder erhält sie die Aufgabe, in der sie geübt ist, für die kein Stimmenenergiekraftwerk vonnöten ist: sie wird Handlangerin.

Sie holt die Leiter und das Bier, den Werkzeugkasten und das Heftpflaster. Und obwohl sie ihm nicht das Wasser reichen kann, darf sie ihm die Nägel reichen. Sie steht stundenlang neben dem Sicherungskasten und drückt Sicherungen wieder rein, die Fehlschläge in gigantischer Zahl ausrasten lassen. Sie hat böse Ahnungen. Sie sieht bereits die gesamte Handwerkerzunft der Stadt hier im Haus aufmarschieren, um die ortsüblichen Wohnverhältnisse wieder herzustellen.

Etwas beruhigt sieht sie daher den Ruheständler im Garten verschwinden. Hört ihn alsbald das Kabel der elektrischen Heckenschere durchschneiden, weil nach einem schrillen Kreischen mit einem satten Klick die Sicherung aufs Neue entweicht. Hört ihn nach einem neuen Kabel rufen. Müde und abgekämpft verlässt er nach getaner Arbeit den Garten und den auf dem Rasen liegenden Heckenschnitt. Schließlich kehrt auch der Maestro Coiffeur die abgeschnipselten Haare nicht selbst zusammen.

Um noch größeren Schaden vom Haus abzuwenden, lädt sie ihn ein, mit ihr den Wocheneinkauf zu tätigen. Mit bangem Herzen. Und sehr zu recht, wie sich herausstellen wird.

Der Mann, der Zeit seines Lebens außer Rasierwasser und Pflaster für die Hornhaut vom Haarespalten nichts gekauft hat, rastet beim Anblick all der Herrlichkeiten, die zum Verkauf stehen, vollkommen aus. Er kennt ihn nicht, den Frust einer langjährigen Lebensmittelbeschafferin, die nicht darauf brennt, sich ihre Kicks im Supermarkt zu holen, sondern mit Einkaufszettel bewaffnet in Windeseile alles Überlebensnotwendige zusammenrafft, um den Konsumtempel so schnell wie möglich wieder verlassen zu können.

Sie muss dem Ruheständler gefasst zusehen, wie er mit offenem Mund durch den Regalwald wandert, tausend Dinge in die Hand nimmt, eingehend die Inhaltsangaben studiert – und fast alles in den Einkaufswagen klaubt. Sie sieht und hört ihren Speiseplan hundert Mal über den Haufen geworfen. Immer neue Menüvorschläge kommen zur Debatte, wollen ausdiskutiert werden – wie in langen Tag- und Nachtsitzungen jahrzehntelang geübt.

Während sie zermürbt das notwendige Gemüse am Stand holt, nutzt er ihre kurze Abwesenheit und füllt zehn Packungen getrockneter Feigen in den Wagen. Ein Produkt, das kein Mitglied in der engeren und weiteren Familie ausstehen kann. Aber es rechnet sich, wird ihr nachsichtig erklärt, denn es handelt sich um ein Sonderangebot. Man müsse die getrockneten Feigen einfach in einen Menüvorschlag einbauen, spare somit ein anderes, womöglich teureres Produkt ein und erleichtere folglich den Gesamtetat um ein Erkleckliches. Sie lauscht ergriffen, verwendet dann sein intensives Studium einer Dose 'Erbseneintopf nach Großmutter Art' zur Rückbeförderung von acht Packungen der getrockneten Feigen und sieht sich sofort mit einem weiteren Problem konfrontiert. Bluthochdruck und stark erhöhten Cholesterinwert außer acht lassend, nicht zu reden vom Übergewicht, werden hochkalorische Kekspackungen in haushaltsunüblichen Mengen gebunkert.

Edeltraud versucht die Entspannungstherapie nach Jakobsen einzuschieben und bereut heftig, dass sie sich nicht intensiver mit der Zen-Methode vertraut gemacht hat.

Am Käsestand ist ihr eine kleine Verschnaufpause vergönnt. Dort darf sie völlig frei und ungebunden entscheiden. Er begibt sich auf Entdeckungsfahrt. Und ward nicht mehr gesehen. Sie irrt mit der Käsetüte in der Hand durch alle Gänge und hat eigentlich überhaupt keine Lust auf das Hase-und-Igel-Spiel. Sie wird ihm einen Lawinenpiepser schenken. Immerhin wird ihr Zerstreuung auf ihren Suchpfaden geboten. Sie hört allenthalben die immer gleichen Debatten und sieht die immer gleichen Bewegungen: rein in den Wagen, raus aus dem Wagen. Allein die Lautstärke variiert. Zwischen laut und sehr laut.

In der Haushaltabteilung entdeckt sie ihn endlich. Er besorgt fünfundzwanzig Haushaltkerzen und ein Dutzend Streichholzschachteln.»Für den totalen Stromausfall,« sagt er und will nur wieder der zündelnde Bub sein.»Der alle fünfzig Jahre vorkommt,« sagt sie und kapituliert. Und weil im Ernstfall auch der Trockner nicht funktioniert, werden gleich noch hundert Wäscheklammern in einem futuristischen Design dazu genommen. Der hypothetische Supergau beflügelt die Phantasie des Ruheständlers. Brot in Dosen, Eintöpfe in Dosen und alles in Dosen sagt er und will nur wieder Pfandfinder spielen. Überhaupt wird nun generalstabsmäßig für den Katastrophenfall vorgesorgt.

Eines zermürbenden Einkaufsnachmittags schreckliches Ende offenbart sich an der Kasse: Das Haushaltgeld für einen halben Monat ist beim Teufel.

Angefeuert von den furiosen Schlafgeräuschen ihres Mannes beschließt Edeltraud in der folgenden Nacht den Auszug aus dem Stillhalteabkommen.

»Die gescheiten Leute sagen, heutzutage darf man sein Leben lang nicht aufhören zu lernen,« sagt sie beim Frühstück zu der Zeitung, die ihr gegenüber in der Luft hängt. »Hm«, kommt es dahinter hervor. Und nach einer Zeit, die so lange dauert, einen Artikel zu Ende zu lesen: »Du brauchst doch keinen Kochkurs zu machen, du kochst sehr gut«. »Danke für das Kompliment,« sagt sie »Aber den Kochkurs wollte ich dir vorschlagen.«

Die Zeitung fällt so schnell wie der Dax während der Asienkrise. Edeltraud beobachtet interessiert das Auf- und Abhüpfen des sehenswerten Kehlkopfes ihres Gegenübers. Der Schluckmechanismus scheint blockiert zu sein. »Schau mal, wir könnten es uns doch jetzt, da du auch zu Hause bist, richtig schön machen. Deine Weiterbildung in Sachen Haushalt ist für uns beide die Lösung schlechthin. In einem geringfügig verändertem Umfeld darfst du weiterhin wichtige Entschlüsse fassen. Ohne dass dir jemand dreinredet, kannst du entscheiden, ob du die Wurst geschnitten oder am Stück kaufen willst. Und geradezu unternehmerischen Weitblick erfordert die Entscheidung, an welcher Kassenschlange im Supermarkt du dich anstellst. Denn egal, wie du dich entscheidest, du stehst immer in der falschen. Entweder zahlt vor dir einer, der gerade an der »Erfindung der Langsamkeit« arbeitet oder einer zählt mit nachdenklichen Fingern die Beute eines Opferstocks hin. Während du für unser leibliches Wohlergehen sorgst, kann ich in Ruhe meinen Englischkurs weitermachen, vielleicht sogar anfangen, italienisch zu lernen. Fremdsprachen sind sehr nützlich, wenn man sich in der Sahara verirrt hat oder sich bei den Aboriginies nach dem Wetter erkundigen will. Es gibt tausend Orte, wo wir noch nicht waren.«

Er, der sie nie einen Satz zu Ende sprechen lässt, der ihr ins Wort fällt, wenn er für sich ein Stichwort zu hören glaubt, lauscht still. Edeltraud spricht schnell weiter, damit ihr Herz nicht zu hören ist, das im Brustkasten so laut knattert wie ein Karabiner.

»Nun zier' dich nicht länger. Du brauchst keine Minderwertigkeitskomplexe zu haben. Das schaffst du spielend. Also abgemacht. Top. Die Sache gilt.«

Tag des Zorns

Dies irae – Tag des Zorns, wie er in der Sequenz der Totenmesse geschildert wird. Es herrschen Heulen und Zähneklappern. Bleibt mit der Schar der Gläubigen nur zu wünschen: Ab hoedis me sequestra – scheide mich aus der Schar der Böcke. Klingt ganz schön schaurig, diese Fanfare des Jüngsten Gerichts. Warum nur kommt sie Barbara gerade jetzt in den Sinn?

Barbara sitzt mit hoch gelegten Beinen vor dem Fernseher. Sie schaut aber nicht auf die Leichen, die auf einer grandiosen Blutbahn aus dem Bildschirm kullern, sondern betrachtet den, den sie vor dreissig Jahren versprochen hat zu lieben, zu ehren und ihm die Treue zu halten, bis dass der Tod sie scheidet.

Er schläft. Umgeben von leeren Bierflaschen. Ausgetrunken gegen den Durst, gegen die Furcht vor dem Durst, gegen die Furcht vor der Öde der Zweisamkeit, für deren Bekämpfung er sich nicht zuständig fühlt und aus Ärger. Ärgerliches Unverständnis in der Stimme bei der Frage: »Ich versteh' nicht, warum du nicht glücklich bist. Du hast fließend kaltes und warmes Wasser und bekommst jedes Jahr zum Geburtstag ein neues Haushaltgerät, das dir die Arbeit erleichtert«.
Barbara ist unzufrieden. Schon eine geraume Zeit. Sie sucht etwas, weiß aber selbst nicht genau was. Eine Änderung jedenfalls. Sie wirft wieder einen nachdenklichen Blick auf den Schlafenden.
Anstehende Auseinandersetzungen vor sich her zu schieben wie einen Korb ungebügelter Wäsche, riecht nach »Feigheit vor dem Feind – im eigenen Bett«. Also schreibt sie sich ein Solo ins Drehbuch und probt zuerst heimlich mit dem Zierfischaquarium als Partner. Ein kurzer, einfacher Satz, ohne grammatikalische Verbiegungen, ohne unverständliche Wortungeheuer:
»Nein – ich bin nicht deiner Meinung.«
Die Wirkung bringt Feuer in die Stube.
Das Solo im zweiten Akt ist etwas länger, fällt aber bereits leichter.
»Ich finde es nicht in Ordnung, dass ich nicht weiß, wieviel du verdienst, dass ich keine Vollmacht über das Bankkonto habe und mit dem bisschen Haushaltsgeld auskommen muss, das du mir zuteilst. Nach der Regelung des gesetzlichen Güterstands…«
Bei Widerworten brilliert er in der Rolle des Höhlenmenschen:
»Was geht mich der gesetzliche Güterstand an. In meinem Haus bin ich der gesetzliche Güterstand. Willst du mir drohen? Vergiss nicht, dass ich es bin, der die Moneten herbei schafft.«
Da ist der Gesetzgeber mit seinem Latein und Barbara mit ihrer Nachsicht am Ende. Sie verweigert dem abendlichen Sofaschläfer ihre Gesellschaft und besucht einen Puppenbastelkurs. Die ersten drei Exemplare gehen an die Enkelkinder. Weitere werden verschenkt und im Bazar verkauft.
Bis hierhin wird die Nebentätigkeit von dem, dessen Stimme nach ungesetzlichem Güterstand klingt, geduldet, ja sogar mit einem gewissen Stolz belächelt wie die ersten Gehversuche eines Kindes.
Dann kommt die Wende, die kleine, ganz persönliche. Ein Spielzeug-

laden ist so begeistert von Barbaras Geschöpfen und bietet ihr Geld und laufende Abnahme. Immer gefragter werden ihre individuellen Gebilde. Eine Wende ebenfalls in der lästigen Schmutzbekämpfung. Aus dem Kehren wird ein mystischer Besentanz. Staubsauger, Bügeleisen, Putzlappen werden aus ihrer ursprünglichen Bedeutung genommen und einer neuen Bestimmung zugeführt. Sie sind nun lediglich der Hintergrund, vor dem in Barbaras Phantasie Gesichtszüge entstehen und Kleider entworfen werden. Eine ganze Kette von Emotionen läuft bei dem Gedanken ab, Dinge nach eigenen Vorstellungen zu formen, die über die Weihnachtsbäckerei hinausgehen. Es bleibt keine Zeit mehr für langatmige Diskurse mit den Wollmäusen unter den Betten, die seither als eine Art Demonstration für einen erfüllten Tag herhalten mussten. Vorbei die Tage, an denen der Gang zum Briefkasten den Höhepunkt bildete. Die Hausarbeit geht nun so flott von der Hand, dass sie den Ritt auf den Blocksberg als einen gemütlichen Spaziergang erscheinen lässt

Barbaras neue, erfolgreiche Tätigkeit hat großmütterliche Auswirkungen. »Hier, besorg' Dir dir einen Babysitter« sagt sie zur Tochter und drückt ihr ein paar Scheine in die Hand. »Ich hab' so viele Aufträge, die drängen.« Teilkündigung des Generationenvertrags?

Mit dem selbstverdienten Geld wächst das Selbst von Barbara. Die Soli, die sie sich schreibt und aufführt, werden länger. Das Gesicht, an das sie gerichtet sind, ebenfalls. Die Kamera hält voll drauf.

Dies irae. Tag des Zorns. Es herrschen Heulen und Zähneklappern. Insbesondere bei Einem.

Was soll's, sagt sich Barbara. Er wird sich gut überlegen, ob er mir den Stuhl vor die Türe stellt, weil das Essen nicht mehr pünktlich auf dem Tisch steht. So eine billige Haushaltshilfe, wie ich es bin, bekommt er nie mehr.

4. Im Zickzackkurs durch den Alltag

Neue Heldinnen – Frauen über 50

»Eine emanzipierte Gesellschaft schafft sich neue Heldinnen – Frauen über 50!«

Die REIFE FRAU liest begierig weiter. Sie erfährt von Frauen, die nach langen Ehejahren ihre erbsenzählenden Männer im Regen stehen lassen und sich davonmachen: in eine späte Karriere als Künstlerin, oder sie halten sich junge Liebhaber und kosten die Weisungsungebundenheit aus. Die Finanzierung des späten Ausbruchs »einer ganz

normalen Hausfrau« wird nicht decouvriert. Ob mit »ganz normaler« diejenigen gemeint sind, die sich von ihrem Mann mit Mama anreden lassen und deren bevorzugtes Kleidungsstück aus der bundesdeutschen Kittelschürze besteht, geht aus den Geschichten ebenfalls nicht hervor.

»Jede Frau wird anarchisch, wenn sie anfängt, über sich nachzudenken. Sie lebt in einer Ordnung, die nicht die ihre ist,« sagt die Schriftstellerin Doris Gercke.

Richtig! sagt die REIFE FRAU und sucht Gerechtigkeit zu schaffen, weil sie als Frau die Ungerechtigkeit kennt. Sie verkauft Kopfweh und andere Beschwerden und meckert dreisprachig weiter. Umstürzlerisch ruft sie nach einem Impfstoff gegen Ungleichheit vor dem Gesetz und landet auf einer anderen Stufe der Unmöglichkeit.

Ja, was wollt Ihr denn noch?

Die heutigen reifen Frauen sind »Sinnbilder der Erotik« und »scharf auf Leben«, wird ihr entgegengehalten, als sei dies das erklärte Ziel. Sie heißen Senta Berger, Hannelore Elsner, Iris Berben, Uschi Glas, Hannelore Hoger, Christiane Hörbiger, Gudrun Landgrebe, Gertrud Höhler, und..?

Sie sind beruflich kompetent, charmant, ehrgeizig, selbstbewusst, souverän, sinnlich und körperlich aktiv, heißt es. Hauptsächlich kommen sie im Fernsehen vor und spielen Frauenfiguren, die stellvertretend »all das wagen, was die Frauen sich im wirklichen Leben nicht trauen.«

Die REIFE FRAU stellt eine Treppe vor den Monitor und lädt all die starken Figuren ein, die Kunstwelt des Fernsehens zu verlassen und ihren Schwestern im Heute Nachhilfeunterricht zu erteilen. Die Zeit des Wartens auf Godot nutzt sie, um lang und kontemplativ in den femininen Erbauungsbüchern zu lesen, die aufgeplustert sind mit lauter Details, die nichts zur Sache tun, aber so tun, als täten sie es. Immer noch mehr großartige Frauengestalten tauchen aus älterer und neuerer Historie auf.

Golda Meir, beispielsweise, israelische Ministerpräsidentin, gesegnet mit einem rasierklingenscharfen Verstand und geschlagen mit einem Äußeren, das dazu angetan war, jeden Feind erschreckt zurückweichen zu lassen.

Neidisch liest sie von Ninon de Lenclos – einer Dame der Pariser Gesellschaft im 17. Jahrhundert. Sie starb mit neunzig Jahren und alterte »wie eine sich öffnende Rose, betäubenden Duft verströmend«, berichtet der Dichter.
So weit wollen Denis Chen vom Monell Chemical Senses Center in Philadelphia und Jeanette Haviland von der Rutgers-Universität in New Jersey nicht gehen. Sie haben erforscht: Der Achselschweiß älterer Frauen hebt die Stimmung. Die Forscherinnen können das Ergebnis nicht schlüssig erklären, spekulieren aber, dass Frauen nach der Menopause »eher zugänglich« riechen, während junge Menschen nach Aggressionen müffeln.
Was veranlasst Wissenschaftlerinnen zu solch einer bizarren Geruchsstudie? Hat ihnen mal jemand nachgerufen: Ihr riecht wie die Straßenköter?
Die neugierig gewordene REIFE FRAU beschnuppert sich. Rien! Dem muss entschieden abgeholfen werden.
Sie geht in eine Parfümerie und sucht zuerst mal nach dem Duft einer sich öffnenden Rose, der sich ihrem Alterungsprozess entschieden verweigert. Corrigez la fortune! Sie wird ihn sich von außen zuführen. Dabei belauscht sie den Dialog zwischen einer REIFEN Verkäuferin und einem Kunden mit ausgelaufenen Konturen, der die Grenze zur Haarbedürftigkeit bereits deutlich überschritten hat:
»Schenken Sie Ihrer Frau dieses hervorragende Präparat für die reife Haut und Sie werden sehen, wie schön sie wird,« sagt die Verkäuferin.
»Wie kann eine Frau mit dreiundfünfzig schön sein?« antwortet der Kunde mit den ausgelaufenen Konturen und haarlos. Sein Ton ist durchaus ein verächtlicher:
»Sie färbt sich die Haare, hat keine Figur mehr und überhaupt, in dem Alter ist doch alles gelaufen…« Er gibt sich unüberhörbar miesepetrig.
Das Achselsekret seiner Frau muss von der Geruchsstudie aus dem Land der unbegrenzten Forschungsergebnisse noch nichts gehört haben. Die REIFE Zuhörerin verlässt gehetzt den Laden.
Wieder sucht sie Trost in den Erbauungsfibeln und stößt auf Grandma Moses, eine brave Bauersfrau, die sich mit fünfundsiebzig Jahren entschlossen hatte, eine Malerin zu werden. Sie wurde berühmt und erfolgreich und starb im Alter von hundertein Jahren.

»Gut' Ding will Weile haben!«

Die Gedanken der REIFEN FRAU, die kein Talent zum Malen hat, auch nicht den Duft einer sich öffnenden Rose verströmt, kehren zurück zu den »Sinnbildern der Erotik, die scharf auf Leben sind«. Plötzlich taucht schemenhaft Andreas Gryphius neben ihr auf und haucht: »Du siehst, wohin du siehst, nur Eitelkeit auf Erden.« Richtig, ganz richtig, lieber Andreas, und abertausend Variationen hat das Leben daraus gemacht, antwortet da eine. Und plaudert mit rücksichtsloser Offenheit aus dem Nähkästchen:

Die beschränkte Gesellschaft ohne Haftung erklärt, für die Verwaltung von Längs-, Quer-, Tief- und Innenfalten, Cellulite und anderer altersbedingter Unbill nicht zuständig zu sein und rät, all dies auf einem esoterischen Nummernkonto anzulegen. Mehrere Fehlversuche mit dieser Art von Entsorgung und misslungene Häutungsversuche bis hin zu daneben gegangener vortödlicher Wiedergeburt lassen mich auf Wilhelm Busch als letzte Rettung zurückgreifen. Vielleicht hat ja der Praktiker mehr drauf als die Esoterik, denke ich und beherzige seinen Rat: »Schmieren und Salben hilft allenthalben.« Da sich eine jede Creme für die beste hält, verbarrikadieren die Tübchen, Fläschchen, Töpfchen und Schächtelchen in Gold, Silber, Weiss, Grau, Blau und Violet, deren Inhalt alles verheißt und nichts hält in kürzester Zeit meinen Badezimmerschrank.

Die Hände, heimtückische Denunzianten der abgelebten Zeit, verlieren ihr Verrätertum, heißt es, wenn sie, eingelegt wie Schafskäse, in Oil of Vitamin, in Handschuhe gesteckt, nächstens ruhen dürfen. Und deshalb gehe ich einbalsamiert wie eine aztekische Mumie ins Bett, liege wie aufgebahrt und bereite mich auf die mir verheißene Rolle als neue Heldin vor.

Ich will es nun wirklich wissen. Und stelle mich vor einen großen Spiegel, halte ein Bild von Hannelore Elsner neben mich und vergleiche... Ich wickle mir einen Chiffonschal um den plissierten Hals und vergleiche wieder... Ich krame im Kleiderschrank und ziehe mich um. Einmal, zweimal, dreimal. ...Ich vergleiche... und lande bei dem Deutschen, der für jede Lebenslage den passenden Spruch parat hatte, bei dem klugen Goethe:

»Was man in der Jugend sich wünscht, hat man im Alter die Fülle«,

sagte der Geheimrat. Bei aller Gescheitheit muss er sich aber doch in der Zeichensetzung geirrt und den Doppelpunkt vergessen haben: »hat man im Alter: Die Fülle!«
Ich ziehe den Bauch ein und frage mich zum x-ten Mal, wieso sich nicht auch bei mir das Wunder wiederholt, wie es aus den Vereinigten Staaten berichtet wurde und ob es sich bei meiner Wölbung unter den Rippen nicht vielleicht auch um einen gutartigen, vierzig Kilogramm schweren Tumor handele, den Chirurgenhände verschwinden lassen können. Schließlich kaschiere ich die Erhebung, Lässigkeit vortäuschend, mit einem breiten, lose fallenden Gürtel. Mit verkniffener Miene Esoterisches murmelnd, vergleiche ich...

Ich gebe nicht auf und mache mich auf den Weg in die City. Mutig betrete ich die erste Boutique, lausche dort geduldig zehn Minuten dem Telefongezwitscher der Herrscherin über dieses Modereich, übersehe großmütig den Seitenblick, mit dem sie mich mustert als wäre ich Aschenbrödel im Palast des Prinzen, bevor ich mir zaghaft am Kleiderständer zu schaffen mache. Ein missbilligendes »Suchen Sie etwas Bestimmtes« treibt mich zurück. Aus dem Hintergrund war ein zweites Fabelwesen getreten und ich sehe mich Auge in Auge dem Unmut über die Störung gegenüber. Mit dem Telefongezwitscher im Genick kann ich gerade noch ein: »Entschuldigen Sie die Störung« hinunterschlucken und stammle eingeschüchtert und ziemlich blöde... »brauche etwas Neues zum Anziehen«, »das aus mir eine neue Heldin macht« hätte ich vor Unsicherheit fast hinzugefügt. Die geringschätzig nach unten zeigenden Mundwinkel der Modezarin deuten an, dass meine alltägliche Erscheinung mit einer Kleiderspende der Bahnhofsmission ausreichend gewandet wäre. Unter den mokant taxierenden Blicken der verkaufenden Barbiepuppe fühle ich das Doppelkinn wachsen und Taille und Hüften zu den Formen des Michelin-Männchens anschwellen. Die widerwillig vorgeschlagenen Fummel, die so hässlich wie teuer sind, vertreiben mich vollends aus dem Laden. Die mir aus der Glasvitrine nachgeworfenen Blicke stempeln mich als Maus ab.
Zögernd probiere ich es im Nobelschuppen gegenüber. Drei Grazien schwirren sofort auf mich zu und mustern mich erstaunt, als sei ich

die Frau des Wolpertingers. Um eine Art Kundenfreundlichkeit bemüht, halten sie mir abwechselnd Girlie-Klamotten hin, alle ziemlich körpernah, in denen meine figürlichen Unregelmäßigkeiten aufs deutlichste zur Geltung kommen. »Tut uns leid, aber...« die bunten Kolibris schütteln ernsthaft betrübt den Kopf. »In Ihrer Größe...«. In aufrichtigem Bedauern über eine Kleidergröße, die über 36 hinausgeht, recken sie ihre mageren Brüste vor und werfen mir beim Verlassen des Ladens mitleidige Blicke nach.
Für einen dritten Versuch fehlt mir der Mut. Statt dessen bemühe ich einen Hairstylisten. Der Meistercoiffeur naht mit seinen Höflingen und umtänzelt mich, als wolle er ausdrücken: »Auch diesen aussichtslosen Kampf werde ich gewinnen.« Er greift entschlossen in meine drei mageren Strähnen. Mir rutscht das Herz in die Hose, denn ich warte auf die Frage: »Was soll ich denn damit anfangen?« Aber sieggewohnt kräht er: »Was für eine Art von Frisur wünschen Sie?« Ich traue mich nicht zu sagen, dass ich aussehen möchte wie Senta Berger, sage statt dessen »etwas Neues« und höre fasziniert zu, wie der Meister seinem Hofstaat Befehle erteilt: Aufbaukur für die Wurzeln, Packung für die Haare, Strähnchen einfärben – und zum Kaffeetrinken verschwindet. Nach zwei Stunden taucht er wieder auf und stürzt sich auf meinen noch immer mageren Haarwuchs, hantiert wie ein Hyperaktivist mit Kamm und Schere, tritt immer mal wieder ein paar Schritte zurück, berauscht von seinem Werk, wirft sich dann mit Schwung auf eine kleine Locke, die er voller Inbrunst abschneidet und reißt eine störrische Strähne von rechts nach links, um sie dort in Stellung zu bringen. Nach einer weiteren Stunde blickt er voll Bewunderung auf sein Werk und sagt entzückt: »Ich glaube, das ist es.«
Ich verlasse verstört das Etablissement. Ich sehe aus, wie eine Leitkuh beim Almabtrieb und habe dafür an der Kasse eine Summe bezahlt, von der ich einen ganzen Monat lang hätte leben können.
Zu Hause vergleiche ich wieder, diesmal dreidimensional. Im Schlafzimmerspiegelschrank...
Lichtjahre trennen mich von den »Neuen Heldinnen, den Sinnbildern der Erotik.«
Die Erkenntnis kommt weder plötzlich noch überraschend und mit zusammengebissenem Zahnersatz: Ich werde nie ein »Sinnbild der

Erotik« werden. All meine Bemühungen gipfeln in einem »Altweibersommer«.

Unter Zuhilfenahme der mir verbliebenen Beherztheit mache ich mich auf die Suche nach all den beschriebenen REIFEN FRAUEN, denen die Welt gehört. Ich flaniere aufmerksam in der Fußgängerzone. Auf und ab. Mehrmals. Zu allen Tageszeiten.
Ich werde widerwillige Augenzeugin und sehe den Tatsachen ins Gesicht. Was ich sehe, gefällt mir nicht: Ich sehe Menopausierende in Gesamtkörpermaske – dünne Lippen zu einem Faltenkranz zusammengekniffen, als wollten sie gewaltsam die Klagen über ein ersticktes und zerronnenes Leben zurückhalten. Eine Garderobe, die dem Totengewand für zerbrochene Träume ähnelt und Frisuren aus Spritzbeton-Dauerwellen. Die Gestalten machen den Eindruck, als könnten sie ihr gesamtes Leben in zwanzig Sätzen erzählen und sehen aus, als würde sie nichts mehr erschüttern: »Also, eine ordentliche Ausbildung habe ich nicht bekommen, weil Vater sagte, Du heiratest ja doch, was brauchen wir da das viele Geld hinauszuwerfen. Dann kamen die Kinder. Ja, und jetzt bin ich ganz vom Mann und seiner Welt beherrscht. Es gilt nur seine Meinung. Er regiert selbst aus der Ferne. Man bleibt in dieser lächerlichen Abhängigkeit, die versucht, einen völlig anzubinden und jede halbe Stunde zu kontrollieren. Und immer diese Schuldgefühle, die kleine, harmlose Aktivitäten begleiten, von denen bekannt ist, dass sie missbilligt werden. Da gibt man es bald auch auf, nach kleinen Löchern im Korsett und Spalten im Panzer zu suchen, die ein Luftholen erlauben. Man lebt gedrillt und präpariert. Das Buch über die neue deutsche Streitkultur steht auf dem Index.« Irgendwie alle nicht in Orgienstimmung.
Wesen eben, denen es schwerlich gelingt, eine moderate Heiterkeit auszuströmen. Lautlos schieben sie sich durch die Zeit und ihre Gesichter sagen: Kurzfristig gesehen würden wir uns gerne die Mütze vollgießen, aber langfristig gesehen haben wir ein Problem: auf der unaufhaltsamen Rutschpartie in die Sterblichkeit gilt es sich um Rheuma, Arthrose, Herzschrittmacher, Hörgerät und Pampers Ladylike zu kümmern.
Der Abgang scheint ein wenig verunglückt. Folgerichtig kommt beim

Stille-Post-Spielen, das Abwechslung in den Spritzbeton-Alltag bringen soll, statt des triumphalen Slogans von der Welt, die ihnen gehört, nur die Unterwelt an. Das schafft ein starkes Bild der Bescheidenheit.

Durch offen stehende Türen der Kaufhäuser sind REIFE Verkäuferinnen zu sehen, die sich die geschwollenen Beine in den unfruchtbar gewordenen Unterleib stehen, die Augenringe mit Theaterschminke zugeschmiert. Sie sind wahnsinnig überzeugend in der Rolle der dumpfen Werktätigen; mit erstarrtem Lächeln darauf wartend, sich ohne Ruhegeld zur Ruhe setzen zu können.

Wo verstecken sie sich, die REIFEN FRAUEN, denen die Welt gehört? Die in den Jubelbüchern Beschriebenen?

Immerhin, zwischen all den unauffälligen Erscheinungen in ihren unauffälligen Kleidern und mit ihren unauffälligen Frisuren, glitzern Individuen, aber so vereinzelt wie Diamanten im Fasching. Eine in den besten Rückzugsjahren fällt besonders auf, die hoch erhobenen Hauptes eine große Menge Kunstgewerbe um den verdorrten Hals und um verwelkte Arme vorführt, als spiele sie in »Frühstück bei Tiffany« die Hauptrolle. Respekt!

Noch ein herausragendes Exemplar. Es trägt seine Jahre tollkühn vor sich her, hat sie in einen schwarzen, Einsicht gewährenden Häkelmantel über beigem Unterzeug verpackt, wohl um sich wenigstens auf diese Weise von einer ansonsten trüben Existenz abzuheben. »Ausgeflippte Alte«, ist in den Augen zu lesen, die ihr durchaus interessiert folgen.

Einem ziemlich entblätterten Sack voll Knochen wird von einem Spätpubertierendem nachgerufen: »Zieh Dir was an, Du alte Gans, sonst muss ich speien.«

Ein wenig Nobelmarke hier, etwas Business-Lady dort. Mehr nicht.

Mir fällt der gute, alte Dreisatz ein, Gott hab' ihn selig. Ich beginne zu rechnen. Wieviel Millionen Frauen im Alter zwischen fünfzig und Hundert Jahren gibt es? Wie vielen davon gehört die Welt?

Die Stellen des Displays am Taschenrechner reichen nicht aus, um nach den Nullen hinter dem Komma eine aussagekräftige Ziffer ins Blickfeld zu bringen.

Flucht ins Narrenkleid

Die REIFE FRAU taucht in der Werbung ungefähr so oft auf wie eine Nachtigall in der Arktis. Selbst Vorprescher in der Branche arbeiten lieber mit Behinderten als mit REIFEN FRAUEN.

Halsketten auf Krokodilshaut und Ringe, die in Fettwülsten verschwinden laden nach Ansicht Federführender nicht zum Kauf ein, obwohl gerade diese Klientel, der das Wort »glatt« nur als Straßenzustand bekannt ist, eher über die nötige Barschaft verfügen könnte, wenn man Berichten über das zur Vererbung anstehende Milliardenvermögen glauben darf. Aber selbst »Kukident« und »Doppelherz« werden von Jungsenioren angepriesen, die noch so weit vom Produkt entfernt sind, wie Marathonläufer vom Krückstock.

Warum eigentlich ist noch kein Werbefuzzi auf die Idee gekommen, REIFE FRAUEN in Autosalons als Kühlerfiguren einzusetzen? Sie wirkte auf einem Ferrari doch ebenso kontrastierend, wie die obligaten antiken Schränke und Tische in chrom- und stahlgestylten Räumen. Wird vielleicht befürchtet, die so exponiert Plazierte könnte »je oller, desto toller« plötzlich Geltungsdrang verspüren und ihre Hüllen fallen lassen? Es geschähe dann das, was bei allen Denkmalsenthüllungen geschieht: Die Zuschauer stehen zuerst rat-, dann fassungslos da.

Fassungslos ist auch die REIFE FRAU, wenn sie das Heimkino einschaltet und sieht, wie das Privatfernsehen mit aller Freimütigkeit, derer es fähig ist, Bettakrobatik junger athletischer Körper en Gros und en Detail zeigt, während es sich mit der Zurschaustellung entblößter, reifer Frauenkörper stark zurückhält.

Bei einer Kopulationsszene Angejahrter, die ohnedies äußerst selten zu sehen ist, da vielmehr die Kombination »alter Er – junge Sie« der Quotenjagd entspricht, darf der geriatrisch verformte männliche Korpus sich nackt in greller Tagesbeleuchtung zeigen, wie es die Neuinszenierung des Grafen von Monte Christo mit Gerard Depardieu vorführt.

Von einer beteiligten REIFEN FRAU ragt allenfalls ein Arm unter der Bettdecke hervor, wenn es hoch kommt, noch ein Drittel der Schulter. Das Gewagteste ist ein Fuß, der keck zum Vorschein kommt, wenn er denn noch nicht von Hornhautschrunden entstellt ist und die Zehennägel die genetische Form nicht bereits verlassen haben.

Akustisch bleiben Senioren-Bettszenen unausgereift. Es kann nur die Angst der Verantwortlichen davor sein, das übliche Lustgestöhn könne in asthmatisches Keuchen ausarten, wenn es zur Sache geht.
Verlässt die REIFE FRAU aus Regiegründen das Lotterbett, hüllt sie sich dekorativ und sehr geschickt in ein enorm großes Bettlaken. Zu Bewundern ist die Trittsicherheit, mit der sie ohne zu stolpern in und mit dieser Stoffmenge das Badezimmer erreicht.

Bei so viel Unverständnis für die Ästhetik femininer Endzeit kann sich die REIFE FRAU nur ins Narrenkleid flüchten. Es verleiht ihr Kraft und Mut zu Narrensprüngen.
An drei Hochtagen der Narretei gehört der REIFEN FRAU tatsächlich die Welt. Sie darf ganz sie selbst sein, sich voll einbringen in das närrische Treiben, als verrücktes Weib drei Tage lang das Zepter schwingen und aus dem Verlierertrott ausbrechen.
Im närrischen Treiben »gibt's koin Doktor, koin Professor, da braucht sich koiner verstella, da send mir älle gleich«, sagt eine schwäbische Obernärrin. »Gell, da glotscht!«
Ohne Angst vor Repressalien darf die REIFE FRAU am »schmotzigen Donnerstag«, dem Weiberfasching Krawatten abschneiden und setzt in lustvoller Phantasie die Schere ganz wo anders an, bevor sie sich wieder in Sanftmut übt.

Reisen bildet

»Dia oidn Weiber schreck'n fei vor nix zruck. Dia firchtn koan Sandsturm und koan Blizzard. Es trifft's es uiberall. Wannst aufn »Machu Picchu« auffi fohrst, nachha sans scho da, kimmst zum Titicaca-See triffst es wieder. Aufm hechstn Pass in Afghanistan latsch'ns umanond. Do hat koane a Atemnot net. Dia kriagn von rein garnix nia gnua. Aufdraht sans wia die Backfisch und ham a mords Hetz. Deifi, Deifi! Dia hom vor überhaupts nix a Angst. Mei Liaber, da wennst net glei Platz machst, nachha wirst z'ammgrennt. Dia kenna fünfazwanz'g Stund' im Bus hocka bis nach Spanien obi und rüber bis nach Antalya. Da herst nix von Inkontinenz,« spricht ein Vielreisender aus dem wilden Süden und pinkelt das Victory-Zeichen in den frisch gefallenen Schnee auf 3362 m Höhe in den argentinischen Anden, wo hinauf ihm

das Tempo einer Siebzigjährigen das Fürchten lehrte.
Das anschließende Polemisieren über die statistisch längere Lebenserwartung von Frauen wird von der REIFEN FRAU unterbrochen, die zu bedenken gibt, welcher Raubbau durch exzessiven Nikotin- und Alkoholgenuss, das Befriedigen von Macht- und anderen Gelüsten doch zu dieser göttlichen Entscheidung führen. Aus diesen und anderen Gründen gehen sie frühzeitiger von hinnen und lassen ihre Pensionen zurück, die es zu verwerten gilt.
»Geliebter Mann, du siehst
Die Zeit zum Scheiden ist vorhanden,
Drum lebe wohl, ich bin befreit
Von meinen schweren Banden.«
(Grabinschrift auf einem Friedhof in Oetz)

Nach vollbrachtem Racheakt und da ohnehin die begehrten Plätze in der Gesellschaft besetzt sind, begibt sich die REIFE FRAU emsig auf Reisen, das Biowetter ausser acht lassend, das praktisch alle Tage Ausgehverbot erteilt mit: Anfangs eventuell vorkommender Migräne, Depressionen und Kreislaufprobleme. Später steigender Blutdruck und Krampfneigung. Ab Mittag leichte Beschwerden bei Personen mit Bluthochdruck, Neigung zu Asthma und Verkrampfungen. Depressive Verstimmungen, Schmerzempfindlichkeit und Belastungen bei chronischen Atemwegserkrankungen und Rheumatikern. Teilweise Kopf- und Narbenschmerzen.
Wo bitte, bliebe dazwischen Platz für wohlbefindliches Herumkommen?
In der Vielfalt der bunten Hochglanzprospekte wird für jeden Geldbeutel etwas angeboten: Von der Kreuzfahrt mit einem bestimmten Kontingent an Särgen im Frachtraum bis zur Butterfahrt ist alles möglich. Wobei Werbefahrten zum Preis von DM 18,50, die Mittagessen bieten und zusätzlich einen Laib Brot, zehn Eier und zweihundertfünfzig Gramm Rauchfleisch offerieren, mit dem Reisevergnügen zugleich die Verpflegung der gesamten Woche gewährleisten und mithin auch über eine Mini-Rente finanzierbar sind.
Große Unruhe unter der Klientel hat die Nachricht von der Abschaffung des zollfreien Einkaufs auf den eigens hierfür eingesetzten

Schiffen hervorgerufen. »Ich fahre diese Route jede Woche«, ruft eine resolute Endsiebzigerin ins Mikrofon. »Nimmt man uns dieses für uns erschwingliche Vergnügen, werden wir aus Langeweile wieder in den Wartezimmern der Ärzte herumhocken und die Volksgesundheitskosten in die Höhe treiben«, fügt sie erbost über den Beschluss aus Brüssel hinzu, um sich sofort wieder mit ihrer Partnerin zu den Klängen eines Akkordeonspielers im Tanze zu wiegen. Die echte Lebenslust in den Augen funkelt mit den falschen Diamanten im Ohrläppchen um die Wette. »Oder sollen wir uns an unsere Kinder klammern, bis die Würgegriffmale blutrot aufleuchten?« ruft sie beim nächsten Schwenk am Mikrofon vorbei und lacht, lacht, bis Zahnprothese und Perücke zum Veitstanz ansetzen. »Fragen Sie doch bei unserer Nachkommenschaft mal nach, wie sehr die schon darauf warten, dass wir ihnen auf die Pelle rücken!« Das Lachen wirbelt im Schiffsrestaurant herum. Ansteckend wie Windpocken fällt es über die restlichen Senioren her, und verursacht ein kleines, kollektives Seebeben.

Mit einer majestätischen Handbewegung fegt die Resolute über das Schiff. »Ich habe das goldene Sportabzeichen. Ich rette Euch alle.«

Im Ungewissen bleibt, ob die Rettung aus Seenot oder Langeweile gemeint ist, oder sich im Grunde nur auf den immer noch strammen Akkordeonspieler beschränkt, dem sie im Laufe des Nachmittags mehrmals angeboten hat, sich gegen das Akkordeon austauschen zu lassen.

Safer Sex und Softeis

Häh?

Henriette Durras bürstet den Staub vom vornehmen Oxfordenglish aus Tagen einfältiger Unschuld und wundert sich weiter.

Sex im Safe? Eisgekühlte Softies? Sie muss Defizite auf diesem Gebiet zugeben und räumt nachlassende Experimentierfreudigkeit ein. Sie scheint nicht up to date zu sein. Sie versteht immer nur Bahnhof. Sie wusste gar nicht, dass es in Deutschland so viele Bahnhöfe gibt.

Sie sucht in der Headline, fragt die Hotline und schaut verzweifelt in die Skyline. Das Dunkel bleibt. Frau Durras findet sich ohne Wörterbuch Englisch-Deutsch im Alltag nicht mehr zurecht.

Dabei fing alles so harmlos an: »God save democracy and nice girlfriends« sagten unsere amerikanischen Sieger-Freunde und warfen den Chewing-gum von Armeefahrzeugen aus unter das Volk. Man dachte an nichts wirklich Böses; vor allem nicht an undercover-Kriegsführung. Man ahnte zwar etwas von den Mühen, die Kieferpartien gegenläufig zu bewegen, aber noch nichts von denen der Beseitigung der Kaurückstände, die bald wie Windpocken-Pusteln Gehwege, öffentliche Plätze und Schulen überzogen. Man freute sich vielmehr, nach Jahren des Zähnezusammenbeißens, endlich wieder etwas dazwischen zu haben, und sei es auch nur eine schwabbelige, gibbelige Masse, die bei längerer Kaudauer den Geschmack von Tischlerleim annahm.

Zu den malmenden Kieferbewegungen trug man gern Patchwork. Patchwork-Hosen, Patchwork-Kleider, Patchwork-Jacken und –Mäntel. Patchwork-Socken und –Strümpfe wurden zum letzten Schrei, weil die gestopften Stellen in den Patchwork-Schuhen drückten, bis man schrie.

Damals hieß Patchwork »geflickt!«

Immer mehr Worte wagten sich in finsterer Absicht über den Teich und bekamen den deutschen Pass. Heute wird gehoppt, gejoggt und gejobt und dort wiederum gemobbt und der Chips und Cards und Codes ist kein Ende. Mit Hobbies wie walking und talking ist man in und ohne walkman out. Treibt die senile Bettflucht Frau Durras vor den Fernseher, sieht sie die Late-Night-Show. Geht sie in die City locken Beautyshops mit dem Slogan »Come in and find out« und sie fragt sich mehrmals täglich, ob sie sich noch innerhalb der deutschen Landesgrenzen befindet.

Henriette Durras fühlt sich verschaukelt und kann angesichts zunehmender Verschandelung der deutschen Sprache nur mit Mühe cool bleiben.

To help!

Wort für Wort wird die Sprache Goethes, Schillers und Hölderlins geopfert und die Deutschen sehen widerspruchslos zu, wie sie von Donald Duck, Dagobert und Mickey Mouse unterwandert wird.

Frau Durras kann wählen zwischen verzweifelt schauen und ganz verzweifelt schauen. Sie schaut gar nicht. Sie handelt.

Sie nennt sich Henny und streift das Image einer Couchpotatoe, die sich nachmittägliche Talk-Shows reinzieht, ab. Sie will life dabei sein, wenn der Bär tanzt und nicht passiv ihre Tage in der Furcht des Herrn und umzingelt von der Midlife-Crisis verbringen.

Sie eignet sich das Know-how für Household-Management an, kümmert sich nicht mehr um den Cash-Flow und fährt einen Crash-Kurs. Sie hat die Nase voll von bullshit-Arbeiten. Mit der Schmutzwäsche betreibt sie Outsourcing, serviert statt eines Sieben-Gänge-Menüs Fast-Food und da vornehmlich Hämbörger und Big-Mäcks mit Coca-Cola, ruft die schwäbische Kehrwoche zur Let's-Putz-Aktion aus und holt sich für die restlichen Arbeiten Volunteers. Denn everybodys Darling wird leicht everybodys Depp.

Sie selbst verändert ihr Outfit durch Face-lifting. Da ihr das Herumlungern in T-Shirt und Jeans am Swimming-Pool bei Rocksound sowie shopping, Partys und andere Highlights des neuen Lifestyles auf Dauer nicht genügen, nimmt sie an einem Workshop für Home-banking und Privatebanking teil und liebäugelt mit dem Image einer Powerfrau.

Sie richtet sich im Internet eine Homepage ein, legt sich ein Handy zu, mit dem man faxen und surfen kann und identifiziert sich so völlig mit Bits und Bytes, bis sie als Web-Designerin endet.

Per Internet nimmt sie Kontakt auf mit anderen Cyber-Weibern. Sie fordern gegen die Verluderung der Sprache eine Zweckentfremdungsverordnung sowie die Ausweitung des Reinheitsgebots vom Bier auf die Deutsche Sprache.

Best of REIFE FRAU.

Übungsgegner für Nahkampf-Training

»Autonome Frauen-Selbstverteidigungsgruppe sucht jungen, gesunden Mann (kein Softie) als Übungsgegner für Nahkampf-Training. Angemessene Bezahlung sowie Zulage bei besonders schmerzhaften Übungen. Eventuelle Arztkosten werden erstattet.«

Ein großes Plakat prangt an der Eingangstüre, neben der sich eine Ulme langweilt. Konstanze und ihre Begleiterin bleiben zögernd stehen und studieren den Text.

»Bist du sicher, dass unser Äußeres immer noch nicht abschreckend genug wirkt?« fragt die Freundin.

»Ach was, nun mach dir nicht gleich in die Hose, wir gehn da jetzt rein und melden uns an. Oder willst du immer so unbedeutend bleiben, dass sogar deine eigene Mutter deinen Namen vergisst? Du wirst dich wundern, wie du nach dem Kurs dein geborgtes Selbstbewusstsein der Leihanstalt zurück geben kannst,« sagt sie und stößt die Pendeltüre auf. »Ich wollte schon immer mal einen Mann aufs Kreuz legen. Das festigt die Psyche.«

Die Begleiterin, die ihre Lider auf Halbmast trägt, als sei es nicht der Mühe wert, dem Dasein mit aufgeblendeten Scheinwerfern entgegenzutreten, reißt erschrocken die Augendeckel hoch.

Der Treppenaufgang hinter der Türe gleicht einem Karzer, sieht aber aus, als wäre er gerne ein richtiges Treppenhaus.

»Möchten Sie jemanden abholen?« fragt ein blasses, junges Mädchen mit kohlschwarzen, im Stirnbereich stachelig gelackten Haaren und kommt auf Schuhen mit hohen Plateausohlen, die an die Anfänge der Bügelkultur erinnern, näher.

Aus dem ersten Stock kommen Geräusche. Der dumpf polternde Tumult hätte für einen Umzug gehalten werden können, hätte es dazwischen nicht diese Laute gegeben. Menschenunähnlich. Tierisch fast.

»Wir wollten uns für einen Kurs anmelden«, sagt Konstanze und kann nicht verhindern, dass ihr Herz schneller schlägt.

»Ah, ja,« sagt das Mädchen und ihre Augen gehen auf ihren Gegenübern spazieren: auf und ab und von rechts nach links, weil es auch in dieser Querverbindung eine Distanz zum Zurücklegen gibt. Die beiden Frauen haben das nach ihrer Meinung einzig Richtige für das sportliche Experiment gewählt: sie tragen Leggings und haben darin eine entfernte Ähnlichkeit mit einer Karotten-Neuzüchtung.

»Vielleicht möchten Sie zuerst einmal zuschauen?« fragt das Plateaumädchen und sie hat etwas im Blick, als wolle sie nach einem ärztlichen Attest der Knochendichtemessung fragen.

Im Übungsraum herrscht Halli-Galli. Auf einer großen Matte tummeln sich mehrere Paare. Genau genommen tummelt sich nur der weibliche Teil. Der männliche steht erwartungsvoll und konzentriert und versucht, den Anprall der Gegnerin zu parieren. Versucht. Sehr oft lässt der Angriff den Übungsgegner als »Häschen in der Grube« zurück.

Die beiden Zuschauerinnen stellen erstaunt fest, dass sich nicht nur mit PS, sondern auch mit FS, nämlich Frauenstärke, allerhand bewegen lässt.
»Diese jungen Mädchen heutzutage«, sagt die eine und hat in ihrer Verwirrung offensichtlich übersehen, dass bei mindestens Zweien der Frauenstärken die Bezeichnung jung überstrapaziert wird.
Ziemlich belämmert stehen sie an der Seite, wie zwei Fettaugen, die sich in ein Teeglas verirrt haben.
»Kommen Sie doch näher« ruft die Ausbilderin und die beiden Gäste knuffen und schubsen einander, bis die eine tatsächlich auf der Matte steht. Ganz kurz nur. Dann liegt sie.
Ihr erster Gedanke gilt den Behandlungskosten und der Zulage für besonders schmerzhafte Übungen, die sie nicht bekommen wird. Keuchend richtet sie sich auf und schleicht unter allerhand Zuspruch der Frauenstärken vom Feld. Ihr Abgang ist schwach, aber mit viel Würde ausgestattet. Sie hatte zwar einen kecken Auftritt, ahnt aber dunkel, dass ihr in dieser Richtung Grenzen gesetzt sind und sie ihre emanzipatorischen Bedürfnisse aus der Erinnerung an diesen Tag wird bestreiten müssen.
Der Marsch durch die Illusionen ist damit endgültig abgeschlossen. Angemessen still verlassen die beiden Freundinnen das Etablissement und melden sich an zu einer biodynamischen Tanztherapie an nach Art rotierender Hüften, weitschwingender Arme und pendelnder Oberkörper »für Frauen, die die Kraft ihrer Wurzeln finden und ihre Eigenverantwortung stärken wollen.«

Halali auf deutschen Autobahnen

Auf deutschen Autobahnen ist die Jagd ganzjährig geöffnet.
Hirsche und Wildschweine drängen aus den Wäldern und erhöhen die Aussicht, dort abgeschossen zu werden, um ein Beträchtliches. Herrenfahrer, die mit Fuß und Oberkörper gleichzeitig beschleunigen, drängen Angsthasen auf die rechte Spur.
Irma, von der Wesensart her eher eine Zögerliche, bekommt einen Anfall. Plötzlich und unkontrolliert wird sie scharf auf Leben und gerät damit in gefahrvolle Nähe zum Größenwahn.
Sie gibt ihren 127 Pferdestärken die Sporen und rast mit 160 – 165 –

170 km/h auf der linken Spur dahin. Der Geschwindigkeitsrausch lässt sie für kurze Zeit den Blick in den Rückspiegel vergessen, bis sie plötzlich das Gefühl verspürt, auf die Hörner genommen zu werden. Sie blickt hoch und sieht unmittelbar hinter sich einen scheuchenden Blinker. Erschrocken möchte sie nach rechts einscheren, kann aber nicht, weil dort ein vermeintlich gleich Schneller dieser mutmaßlichen Oma zeigt, wer auf deutschen Autobahnen das Sagen hat. Sie will sich zurückfallen lassen, wird aber vom Jäger mit Lichthupe hautnah gehetzt.

Im Angesicht des Todes und mit der Kraft der zwei Herzen gibt sie Gas, schießt am grinsenden rechten Nebenmann vorbei und muss voll auf die Bremse treten, weil ein Reisebus ohne vorheriges Fahrtrichtungswechselanzeigen rüberzieht, um an einer Steigung drei Lastwagen zu überholen. Sie rettet sich irgendwie, großporig transpirierend, auf die schützende rechte Spur. Mehr als sie ihn sieht, spürt sie ihn, den vernichtenden Seitenblick des Kamikaze-Aspiranten und noch mehr die nonverbale Kommunikation: Gib den Führerschein ab oder häng' ihn Dir eingerahmt über das Bett und fahr' mit einem Elektromobil mit 10 km/h auf grünen Planwegen.

Die osteoporösen Knochen schlottern kakophonisch nach. Irma erwacht aus ihrem Sinnestaumel und fährt erschöpft und wieder in der Furcht des Herrn ganz rechts. Sie beobachtet die Hetzjagd aus sicherer Entfernung und denkt nach, über die ungeschriebenen Gesetze der Jagd, nach denen Frauen als Hundeführerinnen zugelassen sind und Männer die kapitalen Böcke schießen dürfen.

Waidmannsdank!

Das hat Lebensart. Das hat Tradition. Da weiß man doch gleich, woran man ist.

Um die noch immer flatternden Nerven in der Sonne zum Trocknen auszubreiten, fährt sie erst mal in die nächste Parkbucht. Und erschrickt aufs Neue. Ein funkelndes Geschoss überholt sie auf der Ausfahrt, schneidet sie, haut den Warnblinker rein und steht. Der Fahrer stürzt aus dem fast noch rollenden Fahrzeug und wirft sich über seinen rechten Kotflügel. Und nun enthüllt sich ihr der Sinn der Stuntman-Nummer: Ein Rotkehlchen hat seine Notdurft auf den Kotflügel seines Allerheiligsten verrichtet. Entsetzt reißt er sein Einstecktuch aus der Brusttasche seines Ausgehanzugs und fegt das Schandmal hinweg, rennt nun zum Kofferraum und entnimmt ihm eine Rolle Klopapier. Die nächsten dreissig Minuten widmet er sich dem entweihten Kotflügel. Er wischt und reibt und poliert, prüft mit seitlich gelegtem Kopf die wieder hergestellte Makellosigkeit , geht in die Hocke, rollt den Kopf, sucht aus allen menschenmöglichen Perspektiven nach verbliebenen Überresten der Schändung.

Irma ist geneigt »Sau tot« zu blasen. Mit wieder hergestelltem Gleichgewicht wagt sie sich von neuem auf die Rennbahn. Die aus Gründen des Überlebenswillens zurückgenommene Geschwindigkeit lässt ihr Zeit, die Ästhetik der Lärmschutzzäune zu bestaunen, die nach Ansicht des Bundesrechnungshofes zu schön sind und mit ihrer übertriebenen Pracht eine Verschwendung von Steuergeldern darstellen. Recht hat er, der Bundesrechnungshof: Schönheit hat am Kriegsschauplatz nichts zu suchen und die einzige Farbe, die den grauen Autobahnalltag beleben darf, ist ein zornroter Kopf wegen notorischer Linksfahrer und das Grün- und Blauärgern über die restlichen Deppen, die sich dort herumtreiben.

»Bitterer als der Tod ist das Weib«

spricht der Prediger Salomon.
Bei solch drastischen Worten aus solch berufenem Munde kann die weibliche Rasse von Anfang an keine guten Karten haben. Denn: Im Anfang war das Wort und das Wort war bei Gott. Später dann muss es in die falschen Kanäle geraten sein. Aus göttlicher Sicht gab es mit den Frauen nie ein Problem. Die junge Maria von Nazareth wurde erwählt, den Erlöser zu gebären. Dieser, obschon dem Ursprung nach mosaischen Glaubens, hatte keine Berührungsängste. Es geht das Gerücht, dass unter seinen engsten Vertrauten sogar Jüngerinnen gewesen sein sollen, an denen später vom Apostel Paulus und Gleichgesinnten eine Geschlechtsumwandlung vorgenommen worden ist. Nur Märtyrerinnen durften ihr Geschlecht behalten.
Es ging weiter abwärts mit der Sache. Inzwischen sind die Zufahrtsstraßen zur Institution Kirche verstopft von den Massen derer, die sie fluchtartig verlassen. Die Nestflüchter brauchen für ihren Ausbruch eine Rechtfertigung, also erzählen sie sich auf dem Fluchtweg hinter vorgehaltener Hand, was für eine Show einige der ganz Großen dieses Vereins abgezogen haben, die es sich im Schoße der Mutter Kirche gemütlich gemacht haben und heute zu den Topmanagern gezählt werden. Der Heilige Augustinus zum Beispiel. Erst hat er das süße Leben in vollen Zügen genossen, ist dann dahinter gekommen, dass dies auch nicht das Gelbe vom Ei sein kann und daraufhin abgedriftet in die Spiritualität. Oder der bereits erwähnte Apostel Paulus. Der hat das besonders schlau angestellt. Als er die Hurerei und Völlerei satt hatte, ließ er sich von der »Erkenntnis Gottes« getroffen vom Pferd

fallen. Das, was von den damaligen Medien als »Bekehrung« vermarktet wurde, könnte aus heutiger Sicht als »Gossenerlebnis« nach einem Sturz als Stockbesoffener analysiert werden. Alles eine Interpretationssache.

Mit Gram im Herzen denkt die Frau an die Jahrhunderte, in denen ihr die Kirche neben anderen Privilegien sogar die Seele abgesprochen hat. Als Begründung waren charakterliche Schwäche, Leichtgläubigkeit, Boshaftigkeit, Triebhaftigkeit angegeben, die sie zu leichten Opfern des Teufels machten. Das Ganze selbstverständlich schön ordentlich thematisiert in theologischen Traktaten der gelehrten christlich-abendländischen Tradition. Das konnte damit sowohl als rechtliche Ungleichheit als auch zur Erklärung der angeblich größeren Anfälligkeit von Frauen für Straftaten, wie zum Beispiel Ehebruch oder Unzucht, herangezogen werden. Aber lange vorher schon, pfuschte Moses ins göttliche Geschäft. Er hatte die Beschneidung eingeführt, weil der Alte Bund, da er die Zukunft des Gottesvolkes sicherte, nur mit Blut aus den Fortpflanzungsorganen bekräftigt werden konnte. Bis zur Reformation wurde daher als Reliquie ein »Sanctum präputium« (»Hl. Vorhaut«) Jesu verehrt. Seit jenem denkwürdigen Ereignis haben Männer, ob heilig oder unheilig, in der Diskriminierung der Frau das Äußerste getan. Vor allem jene, die als Nachfolger oder Stellvertreter seines Sohnes auf Erden wirkten, haben mit Gottes vollstem Vertrauen zu den Frauen ein mächtiges Problem und sehen sie nach wie vor am liebsten aus vollem, burlezithingestütztem Herzen im Kirchenchor frohlocken oder als Füllsel im Kirchenschiff sitzen. Dort trifft man die REIFEN in großer Zahl, da Jesus sie mit den Worten ruft: »Kommet alle zu mir, die ihr mühselig und beladen seid, ich will euch erquicken«. Ein Flüchtlingslager voller Klimakterien.
Wie anders wäre die weibliche Sache ausgegangen, hätte Moses für sein Vorhaben Menstruationsblut verwendet – wenn es denn aus den Fortpflanzungsorganen stammen musste. Ist das der Humus, auf dem das Lamm Gottes zum Schaf Dolly mutierte?

»Was fällt Dir ein«, hört sie auf einmal die strenge Mutter Kirche fragen, die sich die katholische und apostolische nennt, »Du willst frei und gleichberechtigt sein und selbst über Dein Leben bestimmen, willst gar noch die Zahl der Kinder, die auf die Welt zu bringen sind, beschneiden? Du bist die Magd des Herrn und hast Dich unterzuordnen und ein gottgefälliges Leben zu führen. Basta!

Alles Weibliche erschrickt. So streng reagiert nicht eine richtige Mutter, allenfalls eine Stiefmutter. Vielleicht gar ist die Kirche nicht die Mutter, sondern der Vater und Gott ist die Mutter – eben eine REIFE FRAU: Sanft, barmherzig, verzeihend, fürsorglich, voll Mitleid, Verständnis und Wärme.

Alles andere als eine stille Untertanin himmlischer Macht, beschließt sie sich vom »Vater Kirche« zu trennen und das Sorgerecht bei der »Mutter Gott« zu belassen. Wehmütig winkt sie dem unzuverlässigen Onkel »Knaus Ogino« zu, bevor sie den Altarraum verlässt, den sie bevorzugt zum Putzen betreten darf und macht es sich in den Wechseljahren bequem, darauf vertrauend, ihre Situation mit Gottes und des Heiligen Geistes besonderer Hilfe besser überstehen zu können. Amen.

Die Gedanken gehen zwischen Gott und Kirche hin und her. Und bleiben bei einem bunten Kaleidoskopstein aus meiner Kindheit hängen.

Ich sitze wieder in der schönen alten gotischen Kirche. Der Priester betritt die Kanzel. Er beginnt mit ruhiger Stimme ein paar Zeilen aus dem Evangelium zu rezitieren. Dabei schaut er hinab in die zu ihm aufgerichteten Gesichter der Gläubigen. Noch zwei oder drei einführende Sätze und die Lider fallen über seine Augen. Die Stimme legt an Volumen zu. Mit jedem Satz wird sie lauter. Sprachgewaltig klagt er die Sündhaftigkeit des Lebensgenusses an. Schreit von gemeinem Plunder, der nicht vor dem Tod bewahrt, von der Fäulnis der Seelen, die zum Himmel stinkt. Seine Arme fahren richtungweisend mit geballten Fäusten empor. Der breite, weiße Spitzenbesatz an den Ärmeln des Chorhemdes rutscht besänftigend zurück und nimmt der Drohgebärde etwas von seiner Furiosität. Drastisch malt er die Qualen der ewigen Verdammnis aus. Der Schweiß beginnt zu rinnen. Er rinnt an den Schläfen abwärts, läuft über die Stirne und tropft auf die Abdeckung der Kanzel, um die sich seine Hände nun wieder mit weißen Knöcheln klammern. Die Haare fallen nass und wirr ins Gesicht. Zwischendurch dämpft er die Stimme. Fast flüsternd kommen jetzt die Aufforderungen zur Umkehr: »Räuchert aus das Natterngezücht der bösen Lust in Euren Sinnen. Zertrümmert die Verkrustungen des Reichtums um Eure Seelen und speit den götzendienerischen Unrat von Euch.« Und der gedämpfte Ton klingt noch gefährlicher. Plötzlich wieder dröhnend ruft er: »Verwehret dem Beelzebub die Einquartierung. Höret auf die Stimme der Läuterung. Gebraucht das Heilverfahren der vollkommenen Reue und entgiftet Euch…« und gibt die Beichtzeiten bekannt. Zu Tode erschöpft verlässt er schließlich den Predigtstuhl.

Ich erinnere mich, dass ich die Angst vor ihm nie ganz verloren habe, obwohl er außerhalb seiner Trance ein geradezu sanftmütiger Mensch war, der keiner Fliege etwas zuleide tun konnte; ein Vereinzelter, der versuchte, in der Nachfolge des Heiligen Franz von Assisi zu leben. Die Soutane, die er stets trug, sah so erbärmlich aus, dass sie ihm den liebevollen Spitznamen »Clochard vom zornigen Wort Gottes« eingetragen hatte. Die Minderbemittelten im Geiste wie auch die der Materie waren seine Nächsten. Mit den einen teilte er seine kindliche Frömmigkeit, mit den anderen den Inhalt seines privaten Säckels.

Die Sterne lügen nicht.
Wie auch, sie können ja nicht sprechen. Im Gepäck von Sternschnuppen senden sie Botschaften auf die Erde, die von sternkundigen Leuten übersetzt und als Horoskop allen zugänglich gemacht werden. Oder so ähnlich. Sechs Milliarden Menschen mit Astro-Impulsen zu versehen ist kein Pappenstiel. Prominentestes Beispiel der schwer lösbaren Aufgabe ist Wallenstein. Er hat den Sternen mehr vertraut als seinem gesunden Menschenverstand – mit weitreichenden Folgen. Der Ausgang seiner diesbezüglichen Entscheidungen hat für die Geschichtsschreibung viel hergegeben, weniger für die Menschen damals, wenn man es mit größtmöglichem Wohlwollen ausdrückt. Positiv gesehen hat es vielen von ihnen die Chance geboten, ihr zur damaligen Zeit erbärmliches Dasein gegen die Freuden der ewigen Seligkeit einzutauschen. Sollten die Sterne das bezweckt haben, kann ihnen eine gewisse Hinterlist nicht abgesprochen werden. Trotz dieses kleinen Malheurs ist das Interesse an den Sternen und ihrer Botschaft ungebrochen.
Die »Landkarte für den Weg zu sich selbst« und zu den Anderen ist die Astrologie – sagen die Astrologen. Die verstecktesten Winkel der Seele sind allemal interessant, vor allem die der Partner, Vorgesetzten, Kollegen und Nachbarn. Deshalb wird der innere Straßenzustandsbericht wöchentlich aktualisiert herausgegeben. In tollkühnen Interpretationen.
Die REIFE FRAU möchte mitreden. Sie möchte jeden Tag sich und ihre Umwelt reicher erleben. Sie möchte Hintergründe und Zusammenhänge erfahren, die sie nie vermutet hätte. Sie möchte den verspro-

chenen Pakt mit den Göttern erleben, weil von astrologischer Seite attestiert wird, dass dies den Menschen helfe, sich selbst zu verwirklichen. Was die Sache angenehmer machen würde.

Also liest sie den überatmosphärischen Rat und ist ratlos.

Da steht Jupiter im Widder oder im zwölften Haus, Saturn im Quadrat zu Pluto und Merkur in den Fischen. Die Verwirrung wächst. Denn von den Göttern ist schon mancherlei Arglistiges berichtet worden. Und Widersprüchliches. Merkur zum Beispiel, bei den Römern Götterbote und Gott der Intelligenz und der Kommunikation war bei den Griechen auch der Gott der Diebe und Lügner, der Schelme eben, und er war der Geschäftsmann – damals, versteht sich.

Erst recht ahnt man den Notstand der Inszenierung, wenn sich der Vorhang zum Aszendenten hebt, zeichnet er doch verantwortlich für die dunklen Seiten, die sozial unangepassten, die man vor anderen verbirgt, für die man sich schämt. Die astrologische Deutung hält sich da nicht zurück. Sie deckt die Hinterseite erbarmungslos auf.

Die REIFE FRAU hat wenig Lust, sich mit ihren Schattenseiten zu befassen. Sie möchte sich von ihren Tagesproblemen lösen und mit völlig neuen Gedanken zurückkommen, solchen, die viel Wärme und Liebreiz ins Spiel bringen. Also schlägt sie die Horoskopseite auf, die frauenfreundliche Magazine abrundet.

»Egal, welches Tierkreiszeichen Sie sind, vom 3. bis zum 19. können Sie Ihren Gefühlen freien Lauf lassen!« Das will wohl überlegt sein. Der Chef und die Kollegen werden sich freuen, erst recht der Angetraute. Aber wie das nun? Im persönlichen Sternzeichen der Rat: »Hüten Sie ihre spitze Zunge.« Was nun, liebe Sterne? Rein oder raus? Das Wort zum Sonntag ist klarer. Weil hier nur ein Gott das Sagen hat? Merkur, Venus, Mars, Jupiter, Saturn, Uranus, Neptun, Pluto – bei solch einer Göttervielfalt kann es schon mal zu einem Kompetenzgerangel kommen. Oder hat vielleicht der Wirbelsturm, der schon seit Jahrhunderten auf Jupiter tobt, solch phantastische Widersprüchlichkeit angerichtet?

Weiter unten im Text: »Sie sprühen ja geradezu vor Erotik. Das Leben ist eine riesengroße Party – und Sie immer mittendrin.« Wer hätte das gedacht. Das scheint kein Sternzeichen für Asketen zu sein. Völlig perplex tritt die REIFE FRAU vor den Spiegel und betrachtet sich von allen Seiten. Das aufgebundene Wärmekissen in der Kreuzbeingegend erinnert nur mit großer Phantasie an den graziösen Rückenpack einer Geisha. Rissige Lippen und Triefaugen einer Erkältung auf Filzpantoffeln bändigen die »sprühende Erotik« auf ungeahnte Weise. Die Strickweste aus echter Schafwolle mit Rheumafutter tut ein Übriges, das angesagte Feuer der Leidenschaft klein zu halten. Bei dieser Prophezeiung kann nur ein Störmanöver einer anderen Galaxie die Präzision der Voraussage beeinträchtigt haben.

Sie schaut in den nächtlichen Sternenhimmel. Die Sterne sind von einzelnen Schleierwolken zum Teil verdeckt. Sie kann nicht sehen, wie Saturn, der sich im Sternbild Widder aufhält, von Jupiter verfolgt wird, der demnächst zum Überholen ansetzen wird …und greift zum nächsten Magazin.

Oha! Hier werden Lottozahlen bekanntgegeben. Für jedes der zwölf Sternzeichen andere Ziffern. Wie ist das zu verstehen, wo es doch wöchentlich nur zwei Ziehungen gibt? Es muss hier ganz klar von mangelnder Präzision der Sternenbotschaft gesprochen werden. Handelt es sich bei dieser Unklarheit um Aussetzer der Wesenskräfte der Planeten oder mischt die Raumsonde Galileo verbotenerweise im Göttergeschäft mit?

Aber hier nun. Endlich klare Worte: »Finger weg von amourösen Eskapaden, wenn Sie in einer festen Beziehung stehen«. Die REIFE FRAU hat das seither für eine Selbstverständlichkeit gehalten und begegnet dem nächsten Tipp daher mit Skepsis: »Ihr geistiges Potential beamt Sie beruflich in neue Dimensionen. Stellen Sie schon mal den Champagner kalt!« Sie stellt schon mal das Wasser für den Lindenblütentee auf.

Die Astrologie ist gewiss nicht die frischeste, aber im Grund eine schöne Lehre, weil sie dem Menschen als Seelenwesen gilt. Doch der Missmut in durchschnittlichen Horoskopanhänger-Gesichtern widerlegt den geheimen Pakt mit den Göttern, der versprochen wird.

5. Gesundheitsbulletin

Unheiliger Äskulap, steh' uns bei!

Nicht ein Filmemacher fährt Karin in den Kotflügel; einer jener ansprechenden Jahrgänge, die das Testosteron weitgehend abgebaut haben aber noch ausreichend Substanz besitzen, bei denen Lüsternheit nicht mehr in vollem Schwange ist, die gute Ausgewogenheit zeigen und Aussicht auf Weiterentwicklung, die keine Angst haben mit ihren Gefühlen in Kontakt zu kommen, ein Typ eben, der von ihrem angejahrten Charme und der Art, wie sie gelassen auf den Schrotthaufen blickt und achselzuckend von der Vergänglichkeit aller Dinge spricht, entzückt ist und sofort eine Rolle in seinem nächsten Stück für sie einschiebt, die ihr Erfolg und Ruhm bringt, und ihr die Welt zu Füßen legt, auf dass sie ihr endlich gehöre.

Nein! Ein junges forsches Ding, eine von denen, die nicht in den Himmel kommen, sondern überall hin, wie jetzt in ihren Kotflügel, ist die Unfallverursacherin, die dann etwas von Muttis, die besser bei der Technik des Dampfkochtopfes bleiben sollten, statt die Technik des Bremsassistenten zu ignorieren, ziemlich laut vor sich hin sagt, da wohl automatisch ein Hörschaden bei der Kotflügelbesitzerin einkalkuliert wird.

Damit nicht genug. Die Pechsträhne bekommt Geschwister.

Auch just kein Drehbuchautor, der gerade bei einem Verlag mal so rein schaut, auf der Suche nach Knallern, bekommt Karins Manuskript in die Hände, um es in eine Erfolgsstory zu verwandeln. Nein, über eine schicksalsträchtige Namensgleichheit gelangt es zu einem Literaturkritiker, der sich auf dem Weg in die Unsterblichkeit belästigt fühlt, wenn sein geübter Blick beim Lesen der ersten Zeile Laienergüsse erkennt und das Werk dem Shredder zum Fraß vorwirft.

Ebenso wenig gelingt es Karin, kraft ihres reifen Pinselstriches die Kunstwelt aus den Angeln zu heben. Ziemlich unverhohlen ordnen die Galeristen ihre Werke als grandiose Verhohnepiepelung ein und sie als eine, die den Armen im Geiste näher steht als andere Menschen.

Hinzu kommt noch, dass ihr auf der Suche nach einem adäquaten Job nicht der rote Teppich ausgerollt wird, sondern sie an einen Personaler gerät, dem man in seine jämmerliche Potenz getreten hat und der nun

aufjaulend nach einem Pflaster auf seine Schwäre sucht und sie mit dem Daumen nach unten verabschiedet.
Brutal aus allen Träumen von der Besitzergreifung der Welt gerissen, attackiert die Psyche den Körper. Es beginnt überall zu zwicken und zu zwacken, und obendrein versucht sich das Herz in den Leichtathletikdisziplinen der Sprünge. Karin macht eine Handbewegung, die aussieht wie ein Versuch, den Dingen eine neue Wendung zu geben und begibt sich zum Arzt. Anschließend verlässt sie die Apotheke mit einer Handvoll Präparaten. Jede Packung bestückt mit einer Gebrauchsinformation.
Gottvertrauen ist erste Patientenpflicht. Wenn da nicht die Neugier wäre. Eine niederträchtige Eigenschaft, die schon Lots Weib vom blühenden Leben zur erstarrten Salzsäule brachte. Karin ist da keine Ausnahme und liest:
Liebe Patientin, lieber Patient!
Bitte lesen Sie folgende Gebrauchsinformation aufmerksam, weil sie wichtige Informationen darüber enthält, was Sie bei der Anwendung dieses Arzneimittels beachten sollen. Wenden Sie sich bei Fragen bitte an Ihren Arzt oder Apotheker.
Ein kurzer Blick auf die klein, eng und beidseitig bedruckten Blätter eines rätselhaft dünnen Papiers berechtigt sie zu der Annahme, auf dem Wege der Geheimdiplomatie erstellte Dossiers in Händen zu haben. Das Dechiffrieren des medizinischen Codes lässt bei ihr die Ahnung aufkommen, dass auch die vom Gesundheitsministerium bekannt gegebene Überversorgung an Ärzten nicht ausreichen wird, all die in den mysteriös knisternden, kunstvoll gefalteten Blättern aufgeworfenen Fragen zu beantworten.
Perplex stellt sie fest: drei Zeilen des Anwendungsgebietes stehen zweihundertfünfundneunzig Zeilen der Gegenanzeigen, der Wechselwirkungen mit anderen Mitteln, der Vorsichtsmaßnahmen für die Anwendung, der Warnhinweise und der Nebenwirkungen gegenüber und der Verdacht, an chemische Kampfstoffe geraten zu sein, wird bei ihr übermächtig.
Und erst die Nebenwirkungen. »Wenn ich nicht sofort beim Lesen der ersten Zeilen tot umfalle, habe ich eine Überlebenschance,« denkt sie. »Denn was sind schon lebensbedrohlicher Schock, akutes Nierenver-

sagen, Hepatitis, Cerebraler Insult mit Bewusstseinsverlust oder Lungenödem gegen das endgültige Aus.« Als eher harmlos dagegen stuft sie Verdauungsstörungen, Ohnmacht, Herzjagen, Haarausfall, Nagelablösungen, Schlafstörungen, Verwirrtheit und Ohrensausen ein. Karin, obwohl allein im Zimmer, beginnt verstört, laut zu lesen und im Dialog mit dem Beipackzettel vor sich hinzubrabbeln.

Das Präparat YSCTB darf nur nach einer sorgfältigen Nutzen-Risiko-Abwägung eingenommen werden. »Oha! Ist die tatsächlich erfolgt während der zehn Minuten im Behandlungszimmer«... und führt zu einer Verstärkung der bradykardisierenden Wirkung, »Beelzebub mag wissen, was das für eine ist.« Insbesondere treten ventrikuläre Extrasystolen, Kammertachykardie und AV.-Block I. bis III. Grades auf. »Eine scheintote Einsargung wird nach Einnahme des Mittels immer wahrscheinlicher«. Eine allergische Reaktion gegenüber Hydrochlorothiazid wird angenommen. »Na, bravo! Jetzt bricht sich auch noch der Furor Bahn. Eher beiläufig wird erwähnt, dass bei gleichzeitiger Einnahme von GRST Atemstillstand nicht auszuschließen sei. Bleibt zu hoffen, der himmlische Bodygard möge sich zur Zeit der Einnahme nicht gerade seine Kaffeepause genehmigen«. »...wenden Sie sich bei Fragen vertrauensvoll an Ihren Arzt oder Apotheker – oder an deren Anrufbeantworter«, motzt sie nach drei gescheiterten Anrufen.

Bei der Lektüre der Gegenanzeige wird Karins Verwirrung komplett: YSCTB darf nicht angewendet werden bei Überempfindlichkeit gegen YSCTB. Voll des Galgenhumors setzt sie diese geistvolle Feststellung gleich mit der Brandvorschrift »Bei Ausbrechen eines Feuers darf nicht mit Benzin gelöscht werden«.

»Unheiliger Äskulap, steh' mir bei!« ruft sie voll Entsetzen und behält ihren Monolog bei.

»Und überhaupt.« Die Laborwerte sollen vor und regelmäßig während der Behandlung mit YSCTB kontrolliert werden. »Na klar, diese Anweisung bringt Licht in die Angelegenheit des angeblichen Betrugs von Laborbetreibern in Milliardenhöhe. Sie haben ganz einfach gewissenhaft all die nicht durchgeführten, aber notwendig gewesenen Laborkontrollen abgerechnet.«

In Zusammenhang mit der Therapie wurde über Blutpfropfenbildungen (Thromboembolien) berichtet, zur Zeit gibt es aber keine

Beweise für eine Steigerung der Häufigkeit. »Die Verfasser von Gebrauchsinformationen scheinen dramaturgisch geschult: Erst die schlechte Nachricht, dann die gute.«
Karin legt das Medizinerlatein aus der Hand. Mit einem Anflug von Wehmut denkt sie zurück. War es nicht unkomplizierter damals als Kind, irgendwie sogar ganz gemütlich, die Sitzung auf Kamillendampf, wenn es beim Pippimachen ziepte, und man dabei vorgelesen bekam? Gefahrlos auch der gallig-bittere Geschmack von Wermut-Tee, den man eingetrichtert bekam und der das Innerste nach außen stülpte, aber tatsächlich gegen alle Kinderwehwehchen geholfen hat. Bei Fieber kalte Wickel um die Waden und bei bellendem Husten heiße Speckwickel auf der Brust, was konnte da schief gehen? Die Quarkumschläge erst, die auf alle entzündeten, glühenden Körperstellen geklatscht wurden und die sich zum Alptraum auswuchsen, weil das kindliche Gemüt nicht von der Vorstellung frei kam, es bekäme hinterher den Quark mit der aufgesaugten Entzündung zum Nachtisch aufgetischt. Und das Gurgeln mit konzentrierter Salzlösung, wenn es im Hals kratzte, weil der Blasius-Segen, der sicher vor Halsbeschwerden bewahren soll, doch nicht so hundertprozentig geholfen hat. Bis heute konnte auch der Heilige Stuhl noch nicht eindeutig die Frage beantworten, ob das Gurgeln mit Weihwasser die gleiche Wirkung erzielt.
»Ob an solchen Sachen doch etwas dran ist?« Fragt sie sich. »Warum wohl steht die große Hildegard von Bingen noch immer so hoch im Kurs? Eines ist jedenfalls sicher: sie war nicht nur eine streitbare Klosterfrau, die weder Angst kannte, noch sich Autoritäten blind beugte, sondern sie war auch Ärztin und Naturforscherin und hat die Wirkung von Pflanzen, Elementen, Steinen und Metallen beschrieben. Einige ihrer Vorschläge sind etwas aus der Mode gekommen. Mit Saphir oder Sardonyx nämlich lassen sich gleich zwei Effekte erzielen: Die Funkelsteine wirken gegen 'Liebestollheit und Geilheit' und stärken zugleich 'Verstandeskräfte und intellektuelle Potenz'. Bergkristalle kurieren schwache Augen und lindern Magen- und Bauchschmerzen. Gefräßigkeit und Dickleibigkeit verschwinden, wenn man sich regelmäßig einen Diamanten unter die Zunge legt.« Hier kehrt ihr Humor zurück. »Die alte Dame war ganz schön gerissen. Wer traut sich denn noch etwas hinunterzuschlucken, wenn er ein kleines Vermögen

unter der Zunge liegen hat? Was im übrigen den Starrsinn im Herrn betrifft, mit dem die schöne Seele ihren Willen gegen geistliche und weltliche Obrigkeit durchgesetzt hat, indem sie sich ganz einfach scheintot stellte, so geht meine Meinung dahin, dass sie vom heroischen Kampf gegen die Zudringlichkeit himmlischer Heerscharen die Nase voll gehabt haben wird.
Und keinesfalls musste sie beten:
»Unsere tägliche Chemie gib uns heute!«

Früher nannte man sie die Zipperlein

Heute terrorisieren sie im Schutze von ominösen medizinischen Bezeichnungen. Die Qual ist dieselbe. Sie kommen mit den Jahren und manchmal verschwinden sie sogar wieder. Die Zeit dazwischen gehört der Austreibung des Schmerz gewordenen Luzifers, die aber Hades, der Gott der Unterwelt, zu verhindern sucht.
Es zwickt im Halswirbel, piekt im Steißbein, klopft im Knie, hämmert im Ellbogen und kneift in den Weichteilen. Die Schmerzquelle wandert im Körper umher, als gelte es, einen Wanderpokal zu gewinnen. Allmorgendlich nach dem Aufstehen und vor dem Zähneputzen stellt sich die REIFE FRAU die Frage, von deren Antwort der weitere Verlauf des Tages abhängt: »Was tut mir heute nicht weh?«
Spätestens, wenn tonnenweise Salben verschmiert worden sind, die lediglich die Bilanzen der Pharmaindustrie positiv beeinflusst haben, nicht jedoch die Pein, Bäder aller Couleur nichts gebracht haben als ein Hautproblem, heiliger Schlamm aus Asklepian – geerntet aus der hauseigenen Lehmgrube des sauerländischen Herstellers – nur einen äußerlichen Bronzeeffekt und wenigstens Farbe ins Spiel gebracht hat und nach der empfohlenen Diät die Haare ausgegangen sind, wird die Konsultation eines Orthopäden unumgänglich. Nach eingehenden Befragungen, Bequetschungen, Behämmerungen spricht das Röntgenauge klare Worte. Verschleißerscheinungen, übersetzt der Spezialist und zuckt innerlich mit den Schultern. Er sieht den Sitz allen Übels in den Nackenwirbeln und verschreibt eine Halsmanschette.
Eine Halsmanschette hat bei einer REIFEN FRAU ungefähr den gleichen Schönheitseffekt, wie eine monströse Zahnspange bei einem jungen Mädchen. Nach einem halben Tag des Getragenwerdens

verschwindet der Halsschmuck in der Tiefe einer Schublade. Er findet nicht einmal mehr als ausgefallenes Accessoire für ein Faschingskostüm Verwendung, selbst wenn es gilt, als Frau Frankenstein ein Kostümfest zu bereichern.

Zwei Köpfe wissen mehr als einer, sagt sich die REIFE FRAU. Sie schlägt der kassenärztlichen Vereinigung ein Schnippen und geht zum nächsten Fachmann. Dieser, einer total anderen Schule angehörig, sieht die Platt-, Senk-, und Spreizfüße als Quelle aller Knochenverdrießlichkeit und verschreibt Einlagen. Wissen Männer, wie Schuhe aussehen, die solch gesundheitsfördernden Ungetümen Unterschlupf gewähren? Zudem, der vagabundierende Schmerz hält allen Modifikationen stand.

Was Zwei nicht wissen, weiß der Dritte. Die imaginären Hiebe des Gesundheitsministeriums halten die REIFE FRAU nicht ab, es ein letztes Mal zu probieren.

Der Mann in Weiß beginnt mit der Präzision eines Sargmachers das Skelett zu vermessen und gibt bekannt – man ahnt es bereits – ein Bein ist zu kurz! Er verordnet orthopädische Schuhe, die größtmögliche Hässlichkeit garantieren. Nicht sehr lange, dann bereichern sie als 89. Paar nicht getragener Schuhe das Schuhregal.

Der Austausch von Krankheitsgeschichten, der ab einem gewissen Alter den überwiegenden Teil der zwischenmenschlichen Kommunikation abdeckt, bringt es an den Tag: Mindestens die Hälfte der Menschheit marschiert mit einem zu kurzen Bein fünfzig, sechzig, gar siebzig Jahre oder noch mehr völlig unbeschwert durchs Leben. Scheint eine kleine Panne im Schöpfungsplan zu sein, das mit den zu kurzen Beinen.

Der Erfahrungsaustausch führt hin zur nächsten Szene und zu einem Vorschlag von multipler Nützlichkeit: Ein Stützkorsett für die degenerierten Wirbel. Es spart im Sommer die Sauna, im Winter die Heizung und macht das ganze Jahr über eine adrette Figur. Nur leider: Der Schmerz fühlt sich in der Ausübung seiner schmerzlichen Pflicht derart behindert, dass er in das linke Knie abwandert.

Eine gewisse Linderung – nachgewiesenermaßen für die Psyche – verspricht die Schmerzbeschimpfung. Die Stimmbänder sind dabei vorher nicht mit Kreide zu füttern: »Weiche von mir Podagra, Arthritis, Chiragra, Ischias, Omaga, Arthrose, Gutta, Ischias, Rheumatismus oder wie immer Du du auch heißen magst und mach Platz der Daseinsfreude!« Nichts spricht dagegen, sich in dieser Sache ein paar Ausdrücke vom Baugewerbe auszuleihen. Wie gesagt, ein Versuch.

Denn die Wissenschaft hat folgendes festgestellt: das menschliche Skelett ist nicht für einen aufrechten Gang angelegt, der seine Tage im Autosessel, auf dem Bürostuhl und im Fernsehsessel verbringt. Und macht daher Rabatz. Was die These von der kleinen Panne im Schöpfungsplan irgendwie erhärtet.

Unter dem Aspekt übergroßer Fürsorge muss es wohl gesehen werden, dass die Männer von Albufera (südlich von Valencia) den Frauen das Fischen im Albufera-See untersagen. Könnte doch überlanges, unbe-

wegliches Stehen Rücken- und Gelenkprobleme verursachen. Sie berufen sich bei ihrem strikten Verbot auf einen Erlass des Königs Jakob I. von Aragonien, der 1250 dekretiert hatte, dass Fischereilizenzen nur an Männer vergeben werden.
Nicht die Orthopäden, die Gerichte haben in einer der letzten Bastionen der Männerherrlichkeit nun das letzte Wort.

Stroh im Kopf

»Carpe diem – nutze den Tag«,
sagten die Römer und beschäftigten die Römerinnen mit ihren schmutzigen Togen, mit Hausstaub, leeren Mägen und quengeligen Kindern während sie die Leere des Gehirns in Relation zum Gewicht der Seele brachten oder die Grenzen ihres Territoriums nach dem Gesetz der Stärke nach außen schoben.
Eine REIFE FRAU im Heute verlässt forschen Schrittes das ihr über Jahrtausende kampflos überlassene Reich – die Küche – und bleibt plötzlich verwirrt in der Diele stehen. Warum hat sie die Küche verlassen? Hat sie das »Was beklagst Du Dich, Du hast dreihundertfünfundsechzig Tage Urlaub im Jahr« aufgejagt, dieser Verbaldauerbrenner mit Widerhaken, der sich schwer schlucken lässt? Wo will sie denn hin? Umsonst zermartert sie ihr bejahrtes Gehirn. Sie hatte doch etwas ganz Bestimmtes vor, sonst wäre sie in der ihr vertrauten Umgebung geblieben. Ist sie unterwegs zur ultimativen Wahrheit? Sie steht und die Blicke tasten umher, wie der Lichtstrahl einer Taschenlampe. Die Treppe hoch. Wollte sie in den ersten Stock? Kalt, signalisiert etwas in ihrem Inneren. Zur Haustüre hinaus? Wieder keine Resonanz. In den Keller? Die Gehirnwindungen knistern vor Anstrengung. Ja, vielleicht. Aber keine eindeutige Reaktion. Bleibt noch die Toilette. Weder Darm noch Blase signalisieren Entleerungsbedarf.
In der Diele rückt sie abgestellte Schuhe gerade und hängt eine Jacke zurecht, um ihren für andere Augen törichten Ausflug zu tarnen.
Wie pflegte Derrick zu sagen, wenn er sich hoffnungslos im Fahndungsdickicht verfangen hatte? »Harry, wir müssen noch mal ganz von vorn beginnen.«
Also, zurück an den Ausgangspunkt. Sie setzt die in der Küche deponierte Lesebrille von Aldi um fünf Mark neunzig auf und sieht den leeren Topf am Spülstein stehen und weiß es wieder: Sie wollte Kartoffeln aus dem Keller holen.
Beunruhigt durch Erlebnisse dieser und ähnlicher Art hämmert sie sich vor der Urlaubsreise das Versteck des Bargeldes und der Schmuckkassette ein, meißelt es sich ins Gehirn: das Geld ist in der Bücherwand und dort in einem Schillerband. Sie baut sich sogleich noch eine Eselsbrücke mit dem Anfangsvers aus Schiller »Würde der Frauen«:

Ehret die Frauen
Sie flechten und weben
Himmlische Rosen ins irdische Leben
Einfach meisterhaft wie der Dichterfürst das ausgedrückt hat. Sie kann nicht stoppen und lässt sich den Rest laut auf der Zunge zergehen.
Flechten der Liebe beglückendes Band
Und mit der Grazie züchtigem Schleier
Nähren sie wachsam das ewige Feuer
Schöner Gefühle mit heiliger Hand.
Oder sind die schmeichelhaften Zeilen etwa von Goethe? Oder einem anderen Klassiker? Von Friedrich Nietzsche nicht, soviel steht fest. Der drohte den Frauen mit der Peitsche. Egal. Jedenfalls von einem mit hehrer Gesinnung. Ein geniales Versteck findet sie, wie soll der Einbrecher, der in Ausübung einer solch niederträchtigen Tätigkeit bestimmt einfach strukturiert und deshalb nicht an Klassik interessiert ist, unter 987 Büchern gerade auf dieses Exemplar kommen?
Die Schmuckkassette ganz woanders hin. In den Tankraum. Zur Einprägung sagt sie es sich hundertmal vor: Das Geld in den Klassikern, der Schmuck im Heizöl. Sie wird es sich so gut merken wie dieses Gedicht, das sich ihr nach dreimaligem Lesen einprägte, damals, als der Geist noch willig war.
Mit dieser verzweifelten Sucherei nach Trivialem muss endlich Schluss sein, die Schiene muss frei bleiben für die Jagd nach Bedeutungsvollem. In einer momentanen Klarheit des Denkens beschließt sie, aktiv gegen ihr schlechtes Gedächtnis anzugehen. Sie wird sich ein seriöses Buch bestellen: Stroh im Kopf? von Vera F. Birkenbihl, denn sie hat das Vertrauen in die Vorschläge der bunten Magazine verloren.
Bei der Rückkehr aus dem Urlaub knurrt der Magen und Kühlschrank und Geldbörse sind leer wie Staatskassen. Die deutschen Ladenschlussgesetze grinsen höhnisch dazu. Zudem steht die Nachbarin vor der Türe. Sie hat Kaminfeger und eine Nachnahme für das »Stroh im Kopf?« ausgelegt. Die Situation erfordert einen schnellen Griff nach der versteckt schlummernden Barschaft. Zielsicher geht sie zum Bücherregal – und bleibt unsicher davor stehen.
Es beliebt dem mit den Finanzen gefüllten Buch sich inkognito zu geben, aber wenigstens taucht die Eselsbrücke aus dem Dunkel des

Gehirnkastens auf: »Ehret die Frauen...« Also in der Frauenliteratur. Sie greift nach der in der Nähe des Bücherregals deponierten Lesebrille von Tschibo um acht Mark fünfzig und setzt sie auf. Simone de Beauvoir... in fünf Bänden – nichts. Alice Schwarzer... völlig daneben. Elisabeth Selbert (hat als Mitglied des Parlamentarischen Rates 1948 die Formulierung »Männer und Frauen sind gleichberechtigt« in die Aufnahme des Grundgesetzes durchgesetzt)... ebenfalls Reinfall. Sie reißt schließlich zwei laufende Meter aus dem Regal und schüttelt jedes einzelne Buch an den Deckeln aus. Nichts, außer einem ausgeschnittenen Zeitungsartikel über eine Emnid-Umfrage, nach der achtzig Prozent der Männer unter fünfundvierzig Jahren die Gleichberechtigung für eine prima Sache halten und fast jeder vierte der Befragten sich theoretisch vorstellen könnte, einen Rollentausch mit seiner Frau zu machen und seinen Beruf aufzugeben, um sich um Haushalt und Familie zu kümmern, aber die Wirklichkeit die Theorie entlarvt, da gerade mal zwei Prozent der Männer Erziehungsurlaub nimmt, nur jeder sechzehnte in Teilzeit arbeitet, sich aber in der gewonnen Freizeit nicht um Alltagskram kümmert, sondern sich seinen Hobbies hingibt. Das versteckte Geld jedoch versteckt sich weiter.

Nach längerem Suchen wird die Nachbarin vertröstet, ins Lokal zum Essen gegangen und dort mit Kreditkarte gezahlt.

Sie selbst beschwichtigt sich mit dem nützlichen Nebeneffekt des Aussetzers: die Regalwand mit Inhalt ohne Verzögerung einer gründlichen Reinigung unterziehen zu müssen.

Wochen später zum Theaterbesuch greift sie in die Schublade nach der Schmuckkassette. Sie greift, fährt hektisch nach hinten und fühlt das kleine Sterbekreuz in der Hand, das ihr als Erbteil der Großmutter zufiel. Einen Herzschlag lang durchzuckt sie der Gedanke an eine Verwandlung menschlichen Tands in das göttliche Emblem; sozusagen ein allerhöchster Klaps auf die Finger wegen eitlen Gebarens; zugegeben nicht so faszinierend wie seinerzeit die Geschichte mit dem Stab des Moses, den dieser dem Pharao vor die Füße warf und der sich in eine Schlange verwandelte, weil der ägyptische Herrscher die Israeliten nicht ziehen lassen wollte. Wie ja überhaupt die Kommunikation des Weltenschöpfers mit dem Volk stark an Dramatik nachgelassen hat. Ein sich Austauschen mit den Menschen – denen männlichen Geschlechts – über einen glühenden Dornbusch lässt die Kommunikation über das Internet eher ein wenig mickrig dastehen.

Mit dem Kreuz in der Hand kommt die Erinnerung an die Pretiosen, die ja seit der Urlaubsreise noch im Versteck sind. Im... Wo? Irgendwo im Untergeschoss.

»...sie flechten und weben himmlische Rosen ins irdische Leben...« Ja, solch Unzeitgemäßes, das sitzt. Aber der Schmuck?

Sie verzichtet darauf, in der Abendrobe die filigranen Spinnwebennester zu durchforsten und jahrelang ungestörte Staubgebilde zu erschrecken. Für das Pendel ist die Atmosphäre zu gehetzt und der Wünschelrutengänger fühlt sich nicht zuständig. Der Heilige Antonius jedoch, der jenseitige Sachbearbeiter des diesseitigen Fundbüros, lässt sich auch mit dem Kruzifix in der Hand nicht erweichen. Die augenblickliche Nichtachtung kann nur mit seiner Ämterhäufung zu tun haben: Patron der Liebenden und der Ehe, Helfer gegen Unfruchtbarkeit, Fieber und Viehseuchen. Sind das nicht zu unterschiedliche Obliegenheiten eines Mannes im Dienste des Herrn?

Spätestens beim nächsten Umzug taucht sie wieder auf, die so gut versteckte Schmuckkassette, wenn nicht vorher mit Telekinese der Schmuck zum Vorschein gebracht werden kann.

Die Umschichtung des »Strohs im Kopf« von der linken in die rechte Gehirnhälfte, die uns den Überblick verschafft, weil sie analog arbeitet, Formen und Strukturen erkennt, konnte leider nicht gewisse Geister vertreiben. Den Kobold nämlich, der sie immer mal wieder heimsucht und – wie man so hört – bevorzugt Behausungen REIFER FRAUEN heimsucht und Waschmaschinenprogramme für empfindliche Feinwäsche auf 60 Grad einstellt. Sie hätte es beschwören können, dass sie dreissig Grad eingestellt hatte. Sie setzt sich die in der Waschküche deponierte Lesebrille von Eduscho um neun Mark siebzig auf und betrachtet den traurigen Klumpen, den die Trommel gebiert.

Sie hätte es beschwören können, dass sie die Herdplatte ausgeschaltet hat, als sie bei einem Schwatz mit der Nachbarin plötzlich die Feuerwehr am Haus vorfahren sieht, weil dicker Qualm aus dem Küchenfenster steigt. Dieser verdammte Poltergeist muss wieder am Werk gewesen sein!

Wenn übersinnliche Kräfte zur Untermiete wohnen, eine Gespensterhand Gegenstände dort ablegt, wo sie es nie tun würde, wenn sie dann die in der Handtasche deponierte Lesebrille von Fielmann zum Nulltarif um elf Mark zwanzig aufsetzt und nichts von all dem findet, was sie vermisst; wenn sie es beschwören kann, dass sie es nicht war, die Vermisstes dort hingetan hat, wo die Dinge zufällig wieder auftauchen, dann kommt Verständnis auf für die symbolträchtige Verarbeitung von Stahlhelmen zu Sieben , wie dies nach dem zweiten Weltkrieg gängige Praxis war. Kopf und Sieb gehen eine Symbiose ein. Eine logische aber langweilige Erfindung.

»Hurra, ich bin alt!« – Die Depression hält allem stand.

Der Urschrei als Erlösung. Irgendeine Frau, sie könnte Margot heißen, brüllt es in die Welt. Immer wieder. Zum Schluss so zornig wie der »Engel Aloisius«, … alt, …zäfix alt!« Doch der liebe Gott erwacht nicht aus seinem Mittagsschlaf.

Nachdem Margot all den Versprechungen der schlauen Bücher auf den Grund gegangen ist, entsorgt sie die rosarote Brille. Sie ist zu dem Fazit gelangt: Poesie und Leben werden, so wenig eins werden, wie wabernde Weiblichkeitsmythen und Alphatier. Punkt. Aus.

Auf dem Balkon der angegrauten Jahre überkommt sie die Erkenntnis, dass ihr die Welt nicht gehört. Die Wahrheit – man ahnt es schon – sieht anders aus:

Eine REIFE Frau ist ein Schreckgespenst.
Zwei REIFE Frauen sind ein Schamaninnentreffen.
Drei REIFE Frauen sind ein Hexensabbat.

Diese Nachricht verstört wie keine andere REIFE Frauen beim Frühstücksei, denn magische Kräfte, visionäre Schau und mystische Versenkung sind gefährliche Gaben. Die charismatische Führungskraft einer Johanna von Orleans führte ihren König zur Salbung und Krönung nach Reims und sie selbst auf den Scheiterhaufen.

Das vertraute Ich, dem die Tautropfen auf der Gleichberechtigungskultur nicht ausreichen, um den Durst nach Gerechtigkeit zu stillen, kommt auf die Idee, sich klammheimlich zu verdrücken und die große Depression lässt sich dauerhaft nieder. So geschehen auch bei Margot. Wenn auch psychologisch, soziologisch und politisch katalogisiert und

mit einem desinfizierten Maulkorb – zum Selbstkostenpreis geliefert – versehen, will sie nicht Stammgast des Weltschmerzes sein und versucht es mit ritueller Säuberung, dort, wo magische Kraftfelder schwingen, kosmische Energien tätig werden, probt das Einssein mit Gelassenheit und Verlangsamung in einem Leben ohne Schablonen. Den ganzen Kappes halt.

Die Depression hält allem stand. Auch dem «Wiedergebären des Ichs, das Du einst warst.»

Daraufhin begibt sich Margot in Therapie, weil sie von nichts die Finger lassen kann, was etwas Farbe in den grauen Alltag bringt.

Sie geht zu einem Seelenklempner, der es zu etwas gebracht hat, weil er alles glaubt, was er sagt. Der Therapeut, mit dem Ausdruck eines chronisch Magenkranken, lässt sie auf einem Kreidestrich wandern, auf einem Bein hüpfen wie Rumpelstilzchen, hämmert auf die Knie und macht, leider muss es gesagt werden, den Eindruck, als hätte er diesen Beruf ergriffen um sich selbst zu therapieren. Ein Blick in seine Augen zeigt, dass im Dahinter niemand zu Hause ist. Das saftlose Licht darin lässt den Schluss zu, dass man nichts von dem verstehen muss, was man tut, um zu tun, was man tut.

Mit zusammengekniffenen Lippen und nach innen gekehrt blickt er auf seine Hände, als lese er im Kaffeesatz. Dann hebt er den Blick, betrachtet eindringlich die Farbe von Margots Pullovers und fragt sich laut, ob diese nicht vielleicht Ausdruck einer posttraumatischen Belastungsstörung sei.

Er wühlt in den tiefsten Schichten ihrer Seele. Er stellt Fragen, als hätten sich ihre Synapsen bereits zur ewigen Ruhe begeben und sucht nach allen möglichen frühkindlichen Verbiegungen, vor allem nach sexuellem Missbrauch. Dazwischen viele hmmmm-Laute und ein paar Krixel-Kraxel auf einen Notizblock. Er erforscht Teile ihrer Seele, von denen sie bisher nicht einmal gewusst hat, dass es sie gibt. Als er nach einer dysfunktionalen Beziehung forscht, gerät sie in tiefes Nachdenken und bleibt sprachlos. Er ebenfalls. Auch nach weiteren Tiefenschürfungen, bei denen er mit seinen therapeutischen Kräften so behutsam umgeht wie ein Rucksacktourist mit seinem letzten sauberen Hemd, findet er nicht das, was er sucht und verschreibt einen Waschkorb voll Medikamente, die auf ein Leben voller Kicks und Events hoffen lassen. Seine Rechnung kommt postwendend. Die Höhe des Betrags läßt vielversprechend auf ein Leben in Verarmung hoffen und bietet gratis Anschauungsunterricht für eine mühelose Umverteilung von unten nach oben.

Argwöhnisch schluckt Margot die Pillen, die höchstens ein bisschen blöde machen, wenn sie die Beipackzettel richtig versteht.

Nach einer Zeit des Wartens und Hoffens stellt sie fest, dass es Glücksersatzstoffe im eigentlichen Sinne nicht gibt.

Nach einem Slalom durch die professionellen Helfer trifft Margot ihn doch noch, den Psy, der wenig fragt und gut und lange und verständnisvoll zuhören kann, kein allgemeingültiges Rezept hat und der das tut, was in den Bereich der Seelsorge fällt und damit die eingeknickte Psyche wieder aufrichtet.

6. Guter Rat im Dutzend billiger

Professor Quatschnie hält Sprechstunde

Wenn es gilt, den Auszug aus dem Jammertal vorzubereiten oder auch nur ein Seelenpflaster zu erstehen, preisen sich die Ratgeber an. Immer wieder neue, aber nichts Neues. Alles schon geschrieben, nur immer wieder greller, bunter, marktschreierischer, neu überpudert. Bei grober Durchsicht der Lebenshilfen drängt sich die Frage auf, wie um alles in der Welt konnten Menschen Jahrtausende lang ihr Schicksal meistern, ohne auf Ratgeber zurückgreifen zu können. Wie auch sollte man ohne sie auf solch ausgefallene Ideen kommen wie: »Nehmen Sie Ihr Leben und Ihr Wohlbefinden doch einfach etwas bewusster in die Hand.« »Man wäre von allein nie darauf gekommen…« »Den eigenen Rhythmus finden, neue Energien tanken ist wie eine kleine Reise zu sich selbst« raten die Ratgeber mit Garantie: nicht Erfolgs- sondern Umtauschgarantie, wie im Kleingedruckten steht. Doch »in sich selbst« war die REIFE FRAU bereits mehrmals, hat aber nichts wahrhaft Weltbewegendes gefunden.

Doch, doch, das funktioniert, versichern die schlauen Bücher, man muss nur fest genug an die eigene Bedeutung für die Welt, die der REIFEN FRAU gehören soll, glauben. Eventuell ein wenig üben. Dann klappt es hundertprozentig. Sagen sie, die gescheiten Ratgeber, die sich vermehren wie wilde Kaninchen und mit klotziger Dreistigkeit ihre Konzepte anpreisen wie der tüchtige Gottesmann Tetzel seine Ablässe damals, als die Seele noch unsterblich war. Tetzel, das war der Mann, der als Erster das Geschäft: Geld gegen Seligkeit beziehungsweise Seligkeit für Geld einwandfrei profihaft vermarktet hat.

Kleinere und größere Großmäuler stehen friedlich vereint im Buchregal. Ihre Botschaft quillt verlockend zwischen den Buchdeckeln hervor und betört wie Katzengold. Die bekennenden Alleswisser lachen sich klammheimlich ins Werbefäustchen, wenn sie proklamieren: »Kauft, kauft, egal ob ihr Geld habt oder nicht. Kauft euch den Wegweiser ins Glück, all ihr armen Teufel, ihr hohlen, geistlosen Allesfresser. Kauft euch den Richtungsgeber zu echter und falscher Sonne, zu Vitaminen mit drei Sternen, zu Lustgewinn und Heil, ihr Idioten, auf dass es euch wohl ergehe und ihr lange lebet auf Erden.

Weit und breit aber keine Votivtafeln zu entdecken mit der Aufschrift: »Prof. Quatschnie hat geholfen«, wie sie bei Spontanheilungen doch angebracht wären.

Die REIFE FRAU blättert noch ein bisschen in den Rezepten für Frauenpower und findet den Wen-Do-Kurs. »Weg der Frauen« ist keine Kampfsportart, sondern eine Mischung aus Abwehr- und Befreiungstechnik. »Sie gewinnen an Selbstvertrauen und lernen die Auseinandersetzung mit anerzogenen Einstellungen wie: immer zurückzustecken, rücksichtsvoll zu sein, niemanden zu verletzen.«

Daraufhin sagt sie das Wort, das sie bis dato immer vermieden hat auszusprechen, obwohl es, wie sie im Laufe der langen Jahre gelernt hat, eines der beliebtesten und gebräuchlichsten Umgangswörter bis hinauf in die Kreise der Vorstände und Diplomaten ist. Auf unerklärliche Weise erleichtert, mixt sie sich einen »Happy-Hour-Drink für Stressgeplagte« nach Rezept und lässt alle Schnellsprecher und Flachdenker mit elektrischer Beleuchtung im Mund auf gleichgültige Weise Recht behalten, die eine Alleinlebende als schrullige alte Hexe bezeichnen, die keinen abgekriegt hat, während das männliche Gegenstück als wahrhaft wählerische, kritische Gestalt den Titel »Einsamer Wolf« zuerkannt bekommt.

Mit der Theologie des Aufgehens in der Gruppe hat so manche eben ihre Schwierigkeiten. Jene, die sich nicht erst in der Gemeinschaft stark fühlen. Diese widmen sich lieber zuverlässigen Freunden, Büchern beispielsweise, auch wenn der Miesepeter und Frauenfeind Schopenhauer sagte, Lesen sei das Wiederkäuen der Gedanken anderer. Wenn schon! Lieber Gedanken nachkauen, als Blech und andere Metalle reden. Das Licht, das sie unter den Scheffel stellt, gibt zum Schmökern ausreichend Helligkeit. Nicht nur in den Tagebüchern von Simone de Beauvoir findet sie Eintragungen in der Art von »Ich bin allein. Man ist immer allein. Ich werde immer allein sein!«

Die Hinführung zur Einsamkeit beginnt ja bereits mit »Barbie«, vielmehr mit der Existenz ihres Dauerverlobten »Ken«, einer blassen Randfigur, die behutsam vermitteln soll, dass SIE, egal ob verlobt, verheiratet oder ungebunden, allein dasteht, kein Mann ihr die wesentlichen Entscheidungen, nämlich die »Soll-ich-mir-diesen-Fummel-kaufen-Frage« oder die »Soll-ich-meine-Unabhängigkeit-aufgeben-Untersuchung« abnehmen wird. Einsamkeit muss ja nicht unbedingt grauenhaft sein, sagen die tiefen Denker, sie lässt sich auch ohne avantgardistischen Mut gestalten.

Einsamkeit muss überhaupt nicht sein, hält sie dagegen und bemüht den Konjunktiv. Würden all die Meckerliesen mit leichtem Fluchtgepäck die Flucht nach vorne antreten, sähe ein »Tag im Leben einer REIFEN FRAU« nicht mehr ähnlich aufregend aus, wie Postkarten mit dem Alpenpanorama bei Nacht oder dem Mississippi-Mündungsdelta im Nebel.

Kampf den Verfallserscheinungen

Abweichend von den Thesen der femininen Predigtbücher beobachtet die REIFE FRAU, wie alles verfällt.

Es verfällt das Gedächtnis und das Gebiss, die Frage nach dem Sinn des Lebens und der Blutdruck, der Wille und die Leberwerte.

Es bleibt das Unbehagen.

Das kann nicht sein, wird ihr in der Werbung gesagt. »Das Leben steckt voller Energie. Es kommt nur darauf an, sie zu organisieren.«

Mit Vitaminen, mit Mineral- und Bioaktivstoffen.

Wenn vom Arzt nicht anders verordnet, werden empfohlen: Natürliche natürliche Vitamine, fettlösliche- und wasserlösliche Vitamine, Vitaminpillen, Multivitaminpräparate, Vitamine A, B, C , D, E, F, G, H, I, J, K, L, M... B-Varianten Thiamin, Panthothensäure, Niacin, Pyridoxin, Bioflavide, Folsäure, Kalzium, Kalium, Eisen, Zink, Selen, Cross-links und andere Schwermetalle.

Tabellen, die Ähnlichkeit mit der Ahnentafel der Windsors haben, klären auf; treten für Megadosen ein und warnen gleichzeitig vor Überdosierungen, die toxische und erbgutschädigende Wirkung zeigen können oder zu Nierensteinen, Leberschäden, Übelkeit, Erbrechen, Kopfschmerzen, Lungenkrebs und Entkalkung der Knochen führen können.

Die kleinen, agilen, pfeilschnellen Kerle, werden sie nicht in eine Kapsel gepresst, verstecken sich in den unterschiedlichsten Lebensmitteln. Die REIFE FRAU sucht in den Geschäften verwirrt nach gekochten Rüben- oder Senfblättern, Schwarzer Melasse und ähnlichen Exoten. Sie versucht, die empfohlene Tagesdosis von 3 Mikrogramm Vitamin B 12 aus 5 Gramm Rinderleber zu decken, durchbricht ihre immerwährende Diät, um sich die notwendigen 15 bis 18 Milligramm Niacin über 100 Gramm Erdnüsse zuzuführen.

Die REIFE FRAU, mit und ohne Hochschulabschluss, sieht sich außer Stande zurechtzukommen. Verwirrt durch neueste Meldungen über den Eisengehalt im Spinat, der offensichtlich auf einem wissenschaftlichen Rechenfehler beruht, und einen Bericht über die nicht vorhandenen Präventiv-Effekte des Knoblauchs, der als Garantie gegen Herzinfarkt galt, liest sie baff erstaunt das Ergebnis einer Studie über die bisherige Allzweckwaffe Betacarotin: Bei Rauchern steigert sie das Krebsrisiko in dem Maße, in dem Betacarotin-Präparate genommen werden, bei Nichtrauchern zeigen sie nicht die geringsten Auswirkungen – weder im positiven noch im negativen Sinn.

Ein Gedanke drängt sich auf: Wo mit Wasser gekocht wird, dampft es. Wo mit viel Wasser gekocht wird, gibt es wahre Wasserdampfschwaden, die Forschungsergebnisse verwässern.

Sie grübelt unglücklich über der Vielfalt der Informationen und wirkt der Konfusion entgegen, indem sie sich Glückshormone in Form von Pralinen zuführt.

Helfen der REIFEN FRAU selbst Eigenharn-Therapie und Selbsthypnose nicht aus dem tiefen Loch heraus, in das sie von der männlich orientierten Gesellschaftsstruktur gestoßen wird, bleibt der Kauf von Illusionen. Es bleiben die von Frauenärzten wärmstens empfohlenen, von außen zugeführten Hormone. Gegen »Rückbildungserscheinungen« vielfältigster Art. Zu Risiken und Nebenwirkungen fragen Sie Ihren Schutzengel.

Die Hormone ersetzen den bewundernden Blick des Metzgers im REWE-Laden, den sie sich in Zeiten tiefster Niedergeschlagenheit gönnte, als sie noch keine REIFE FRAU war und der ein zartes Nervenrascheln hervorrief.

Sie beendet die Therapie mit Weide nach Dr. Bach gegen Enttäuschung und nimmt gleichzeitig Ulme nach Dr. Bach gegen Magenbeschwerden, die ihr die Fehlschläge eingebracht haben.

Da sie bereits gelernt hat, den Tag nicht mit blöder Mutlosigkeit zu beginnen, bleibt sie auf Erkundungspirsch.

Doch hoppla…

»No sports«, sagte Churchill und wurde auf Anhieb 91 Jahre alt.

Da er auch noch andere Sachen sagte, von denen die Deutschen nicht so überzeugt waren, rückt die REIFE FRAU ab von dieser These.

Sie geht das Problem an, den Oxidationsprozess im Körper zu hemmen und ihm entgegenzuwirken, da der Körper nicht mehr ihren Befehlen gehorchen will und als Ruine ins Dunkel zu entschwinden beginnt, nach Ratschlägen von Leuten, die es gut mit ihr meinen und nur das Beste für sie und sich wollen.

Sie beginnt aufs Neue eine Therapie mit Springkraut nach Dr. Bach gegen Ungeduld.

Wenn vom Arzt nicht anders verordnet, werden empfohlen:

Gymnastik gegen

- Verhärtung der Muskulatur
- Schulter-Arm-Finger-Hüfte-Knie-Bein-Taubheit
- Hitzegefühle
- Sehstörung
- Rückenschmerzen
- Osteoporose
- Arthritis
- Pampers-Inkontinenz

Gymnastik für

- drahtige Bauchmuskeln
- schöne Beine
- knackiges Gesäß
- fettarmes Becken

in Form von Aufwärmübungen, Streckübungen, Bodenturnen, Taillengymnastik, Armgymnastik und Abkühlübungen. Ein tagfüllendes Programm. All dies eine große Qual, der sie sich mit Hingabe unterwirft. Denn »das Leben ist eine Baustelle«, wird ihr gesagt.

Die Fachbereiche »gegen den Strom schwimmen« oder »still mit dem Gesicht zur Wand stehen« zählen nicht zu den erfolgversprechenden Disziplinen, wie eine heroische Zahl von Selbstversuchen gezeigt hat. Bleiben all die körperlichen Ertüchtigungsversuche ohne sichtbaren Erfolg, zieht die REIFE FRAU die Reißleine:

New collanetics – »Schon nach wenigen Stunden wird der Bauch flacher, der Busen straffer, die Taille schmaler, die Hüften schlanker, die Beine schöner ohne Cellulite!«

Immer noch schlaff und fett und freudlos?
Da bleibt nur NIA (Neuromuscular Integrative Action): Fit werden, ohne zu leiden – ein ganzheitliches Bewegungsprogramm, der neue Barfuß-Sport, der nicht nur Muskeln und Gehörgänge erreicht, sondern Leib und Seele guttut.

Beim Anblick all der verzerrten, schweißbandumrahmten Gesichter in den Fitnessfolterkammern des Lifestyles flüchtet ein verstörtes Individuum aus der schlechten Luft ins Freie.
Dort schreitet sie zügig fürbass und begegnet den »Walkern«, die sie mit korrekt auf 90 Grad abgewinkelten Ellbogen und im vorgeschriebenen Sportdress geringschätzig beäugen, weil sie es wagt, sich nicht walkermäßig bekleidet auf den Fluren herumzutreiben.
Sie muss sich nicht auf die mustergültige Abwinkelung ihrer Ellbogen konzentrieren und kann sich umsehen, was ihr Mutter Natur, dem hohen Alter nach eine sehr REIFE FRAU, alles zu bieten hat. Sie lernt wieder das »Große Augen machen«.
An der Wanderparkplatztafel vorbei, auf der ein Er voll Elan und Tatendrang vorwärts stürmt und eine Sie hinterher hechelt, getreu dem Motto: »Du gehst voran, ich hinterher«, marschiert sie los und genießt in vollen Lungenzügen, was sie sieht: die Märchenwelt des Rauhreifs auf Gräsern, Büschen und Bäumen, denen die Sonne funkelnde Diamantkronen aufsetzt.
Wie ein Schnüffelhund flitzt sie dann im Februar durch die Gegend, auf der Suche nach den ersten Blüten von Huflattich und Seidelbast, die das Frühjahr ankündigen und freut sich, sobald sie die ersten entdeckt, als wäre es der Schatz des Priamos. Voll Entzücken schaut sie zu, wie sich wenig später Bäume und Büsche kokett ein Haarnetz aus jungem Grün überwerfen. Rennt halb närrisch vor Begeisterung zwischen blühenden Obstbäumen umher, sieht, dass Kühe nicht lila sind und in den Bächen keine Fischstäbchen sondern Forellen schwimmen. Wartet voll Ungeduld darauf, bis sich die Wiesen in bunte

Blumenteppiche verwandeln, auf denen sich statt der Bärenmarke-Bären Schmetterlinge tummeln. Schaut entzückt dem Preiskegeln der Wolken am Himmel zu.

Ihr rascher Marsch, in Tateinheit mit einem Sauerstoffstoß, produziert launehebende Endorphine. In der sich daraus entwickelnden Euphorie fällt sie zum Entsetzen aller Germanisten in Küchenpoesie und dichtet draufgängerisch: Der Frühling liegt mir zitternd in den Knochen.

Doch der Sommer erst, der raubt ihr fast den betagten Verstand. Zwischen Roggenfeld und Heckenrosen flitzt sie dahin, schnuppert wie ein Terrier vor dem Fuchsbau an den Heuhaufen und zieht gierig den Duft reifender Getreidefelder in sich hinein. Der Cellulite bekommt die dauernde Unruhe und das wilde Geschaukel in den Oberschenkeln gar nicht und sie stiehlt sich langsam aber sicher davon.

Worte stören bei diesen Touren. Ein Pfeffer-Spray als Begleitung genügt, wenn schweigsame Partnerbegleitung oder Hund nicht zur Verfügung stehen.

Sie kann ihr Johanniskraut-Pülverchen gegen Depressionen absetzen und ist nicht mehr auf künstlich fabriziertes »lautstarkes Singen unter der Dusche«, »befreiendes Weinen, lautes Gelächter« und »Fußreflex-zonen-Massage« angewiesen, die »zehn besten Tips zur Glückselig-keit«, von allen »Forever-Young-Experten auf allen »Lebensart-Seiten« in allen Käseblättern wärmstens empfohlen.

Sie rennt und flitzt und marschiert in den Herbst hinein. Saugt wie ein Trüffelschwein den Modergeruch verwelkter Blätter in sich auf und stolpert geblendet von der Farbenpacht des Herbstwaldes über Baumwurzeln, dass es den Kalk von den Gefäßwänden reißt.

Diesmal lässt sie den Fachmann – nämlich Gottfried Keller – sprechen:
Trinkt, o Augen, was die Wimper hält,
Von dem goldnen Überfluss der Welt!

Sie lässt ihre Augen sich einen Vollrausch antrinken und vergisst dabei ganz, ihre klebrig-süßen Tröstungen, die »kleinen Mahlzeiten für zwischendurch« in den Mund zu schieben.

Schlank werden im Schlaf!

In welchem? Im Kälteschlaf? im künstlichen oder ewigen?
Die REIFE FRAU wirkt besonders reif, wenn sie rund ist. Und sie ist sehr oft rund, weil ihr nur noch in Ausnahmefällen Liebeskummer den Appetit verdirbt und weil von den neunhundertdreiundachtzig Diäten nur eine einzige nachhaltig wirkt, aber kaum durchzuhalten ist, nämlich die Vögeldiät – Essen wie ein Vogel.

Kenner der Szene verraten ihren Geheimtipp in dieser Sache: Man kann mit einer ausgedehnten, hurtigen Gangart in der freien Natur nicht nur Unlust, schlechte Laune und Verdrießlichkeit verlieren, sondern auch Gewicht. Exakt 200 Kilokalorien verbraucht ein strammer Marsch in einer Stunde, wenn man den Ernährungsfachleuten glauben darf, und eine, die daran glaubt, verabschiedet sich endgültig vom lebenslangen Wandeln am Rande des Hungertodes und gibt alle Diätpläne den Hasen. Sie verzichtet auf den Körperfettanalisierapparat, der ihr als Treueprämie für zwanzigjährige Mitgliedschaft bei den Kilo-Go-Members zugestanden hätte (und den sie ohne Lesebrille von Lidl um DM 7.60 und in einer echten Freud'schen Fehlleistung als Körperfettisolierapparat gelesen hatte) und amüsiert sich über die Diät-Empfehlungen seriöser und unseriöser Frauenmagazine: »In zehn Tagen zehn Pfund abnehmen« empfohlen vor den Feiertagen sowie nach den Feiertagen und unbedingt vor dem Urlaub und erst recht nach dem Urlaub, zwischendurch aber eine Eildiät fürs Wochenende – und so weiter bis in alle Ewigkeit. Dort gibt es dann Manna light.

Bei der Lektüre des Erfolgsgeheimnisses »Abnehmen mit Genuss« fährt ihre Hand überrascht hoch ins Gesicht. Nach der Lektüre rutscht das reife Patschhändchen schnell und ungehalten wieder aus den Zügen und überlässt diese sich selbst und das Erfolgsgeheimnis ein Geheimnis bleiben, weil allen Erfolgsgeheimnissen ein wichtiges Kapitel fehlt: Umgang mit Heißhungerattacken, mit Fressgelüste-Anfällen, mit der Gier nach Süßem und die Anleitung zu Bergungsarbeiten nach Abstürzen in die allerniedrigsten Futterlöcher. Wenn die Ratio irgendwo im Stau steht und nicht durchkommt und es also geschehen kann, dass direkt vor dem Schlafengehen vier simple Marmeladenbrote mit dicker Butterunterlage im Unverstand hinunter gedrückt werden, den immer praller werdenden Bauch an den Spülstein gepresst, vor dem sich die würdelose Aktion abspielt, dann geben die Erfolgsgeheimnisse keine Auskunft. Die Esskultur verhüllt ihr Angesicht, wenn sie Zeugin werden muss, wie vor offenem Kühlschrank Wurst- und Käsevorräte mit bloßen Fingern aus den Vorratsbehältern geholt und in den Mund gestopft werden. Das Pfeifkonzert, das die Kilokalorien dazu veranstalten gibt allenfalls Anlass, noch eine Stufe tiefer zu steigen und sich über Backutensilien herzumachen, weil die Süßigkeitslager aus Angst vor Unbeherrschtheiten leer gehalten werden und nun im Katastrophenfall der Kuchenguss die Trüffelschokolade ersetzen muss.

Spätestens dann, wenn sich das Warten auf die Übelkeit übler gestaltet als die Übelkeit selbst, kocht sie sich ihr eigenes Süppchen. Es enthält viel von den Zutaten: Über-sich-selbst-lachen-können und Sich-selbst-nicht-so-ernst-nehmen. Sie würzt ihr Gebräu mit dem Betrachten der Bilder »Vorher – Nachher«, die als schmückendes Beiwerk die Wunderdiäten zieren, und wie so manch anderes auch im Geschäft mit den Wundern eigentlich ein Fall für den Staatsanwalt ist.

Synapsenschwäche und heimliche Tröster

Eines morgens öffnet Hiltrud die Augen und blickt in die Gegenwart. Was sie sieht, gefällt ihr nicht. Ihre Existenz ist ungeklärt. Sie holt sich beim Orientierungsblick einen Bandscheibenvorfall an dem Ruck, der durch die Gesellschaft gehen soll; fasst ohne ein paar Takte Trübsinn den Entschluss, sich nicht unterkriegen zu lassen, sich selbst zum Mittelpunkt des Daseins zu wählen, den Willen zum Glück als Motor des Lebens zu bestimmen, und was der Worthülsen mehr sind, die ihr von den Medien an den Kopf geworfen werden.

Hiltrud sucht zuerst mal Rückhalt und Förderung in den gängigen Frauenmagazinen, kämpft sich stundenlang durch Empfehlungen:
»Liebe. Jung, attraktiv, ohne Mann. Selber schuld?«
»Märchenhaft romantische Mode wie einst bei Sissi«...
»Ex und hopp, Schluss mit der Fremdbestimmung«.
Nicht schlecht, diese letzte Empfehlung, denkt sie, weil auch sie am finanziellen Tropf hängt. Und wie der Träumer sein Bett genießt, so fängt sie an, sich in einem imaginären Ende der Fremdbestimmung zu suhlen und den Zustand zu genießen. Und weil kein Mann verstehen will, dass eine Frau in ihrer Unvollkommenheit derartiges von Zeit zu Zeit braucht, um sich wohl zu fühlen, behält sie ihre Träume für sich, sucht aber – nur so zum Spaß – in den Finanzschubladen nach Mitteln zur Realisierung der These. Dabei gerät sie gehörig in Schieflage. Nach sorgfältiger Prüfung aller verfügbaren Offerten hat sie die Wahl zwischen Toilettenfrau, Suppenküche, Sozialfürsorge, Rente von beeindruckender Dürftigkeit.

Ja nicht aufgeben, sich ja nicht den Wind aus den Segeln nehmen lassen, denkt sie, blättert weiter und bleibt bei der Überschrift hängen: »So bringen Sie Ihr Gehirn auf Trab.« Eine gut funktionierende Denkmaschine ist schon mal eine bedeutsame Voraussetzung für – eigentlich alles. Und sie liest weiter.

»Manchmal geht gar nichts mehr. Sie können sich einfach nicht konzentrieren. Mitten in der Diskussion schweifen Ihre Gedanken ab. Sie fühlen sich müde und denkfaul. Zum Glück lässt sich gegen solche Aussetzer etwas tun: Abwechselnd mit den Armen eine liegende Acht in die Luft zeichnen. Das fördert die Zusammenarbeit der Hirnhälften und das Denkvermögen.«

Endlich hat Hiltrud eine überzeugende Erklärung für ihre gelegentliche Synapsenschwäche gefunden. Hoffnungsvoll beginnt sie Achter zu zeichnen, Achter, Achter, Achter. Ein ganzes Regiment von Achtern steht bereits im Raum und blickt sie streng an. Sie macht die Probe aufs Exempel. Langsam und bewusst liest sie den Anfang des Gedichtes von Rainer Maria Rilke, das ihr so gefällt und das sie schon immer auswendig lernen wollte:

Der Panther

Sein Blick ist vom Vorübergehn der Stäbe

so müd geworden, dass er nichts mehr hält.

Ihm ist, als ob es tausend Stäbe gäbe

und hinter tausend Stäben keine Welt.

Sie deckt die Zeilen ab und wiederholt: Der Panther..........Wie? was? Er ist müde? Weiter kommt sie nicht. »...keine Welt,« tröpfelt es nach wie bei einem Prostatakranken. Dem armen Panther scheint es wie ihr zu gehen. Auch ihm gehört nicht die Welt.

Deprimiert versucht sie es mit dem zweiten Ratschlag des Artikels: »Eine Ohrenmassage sorgt für gute Durchblutung des Gehirns. Reiben Sie Ihre Ohren von innen nach außen und rollen Sie die Ohrmuscheln auf«.

Als die Ohren bereits so rot glühen wie ein frisches Sonnwendfeuer, kommt sie immer noch nicht über den Panther hinaus und sie versucht, die Ohrmuschel-Methode dort anzuwenden, wo das »Superlearning« bei ihr aus bisher nicht geklärten Gründen versagt hat: Vokabeln lernen, damals in der Schule auch ohne Suggestopädie ein Blitzgeschäft.

Sie sucht sich für ihre Zwecke ein Sprichwort mit unvergleichlich hohem Wahrheitsgehalt: »Hilf Dir selbst, so hilft Dir Gott«. »Aide-toi,

125

le ciel t'aidera « sagen die Franzosen zum Selbsthilfeprogramm und sie wiederholt den Satz so oft, bis ihr vor Anstrengung die Schweißtropfen kommen – »les gouttes de sueur«, wie sie gleich mit lernen will.
Da wird Hiltrud ans Telefon gerufen, kommt zurück und wiederholt: Ja, was denn? In dem Sprichwort war doch viel von Aids die Rede. Aber in welcher Reihenfolge?...
Und wie war das mit den Schweißtropfen?
? gouter (kosten) seur (Schwester) Was gibt das denn für einen Sinn? Da stimmt doch was nicht.
Teufel, mein Gedächtnis lässt mich im Stich. Und plötzlich doch noch ein Erfolgserlebnis. Unverlangt fällt »ma memoire est en defaut« durch das Sieb, das einst ein dichtes Netz von Nervenverbindungen war. »Das Gehirn verliert im Alter nichts von seiner Kapazität« halten ihr die Gerontologen entgegen und wedeln mit ihren Ratgebern in den Ausmaßen eines Versandhauskatalogs.
»Was irgendwo gedruckt steht, soll man nicht unnötigerweise in den Kopf pressen,« sagt sie sich eher mit Erleichterung und freut sich, dass ihr wenigstens diese »Anleitung zum Zufriedensein« noch einfällt. Trotzdem. Ein bisschen entmutigt, um nicht zu sagen ausgesprochen niedergeschlagen, wendet sie sich wieder ihrem bunten Magazin zu und geht den nächsten Ratschlag an:
»Die Massage der Stirnwölbung hebt Denkblockaden auf.« Und »Sauerstoff sorgt für Energie im Gehirn. Schnappen Sie vor anstehenden Denkvorgängen Frischluft. Einmal kräftig gähnen hilft übrigens auch.« Nichts einfacher als das, denkt sich Hiltrud und beginnt zu gähnen. Einmal, zweimal, dreimal. Kurz vor dem Wegdämmern besinnt sie sich auf die Anforderung und versucht sich diesmal am PC. Installation der PC-Bibliothek.
»Führen Sie das Programm setup.exe auf der CD-Rom aus. Verwenden Sie dazu den Befehl »ausführen« und geben Sie in der Befehlszeile ein: x:\setup.exe.«
Die Anhäufung des Buchstabens X ist ihr aus der Kleidergröße durchaus geläufig. Nur hier an Rechner und Monitor entziehen sie sich ihren stümperhaften Versuchen. Wieder einmal steht sie fröstelnd im Abseits.
Verzweifelt liest sie den letzten Rat:

»Und wenn gar nichts mehr geht: Schokolade. Die Kohlenhydrate kurbeln die Produktion des Glücksstoffs Serotonin an, das Gehirn kommt auf Touren.«

Endlich ein vernünftiger Vorschlag: Schokolade! Die Mengenangabe fehlt. Und so fügen sich nahtlos die rätselhaften x der Computersprache in die xxxx der Kleidergröße, vor dessen gewaltiger Stofffülle sie erschüttert steht. Beschämt schenkt sie sich ein Wasserglas voll mit Hochprozentigem – gegen die Übelkeit und für das Vergessen – und gleitet leicht und fessellos ab in den großen Nebel, der kein schaler Rausch ist, sondern spirituelle Erleuchtung.

Das war nun wieder nichts mit der Welt. Dafür stehen die heimlichen Tröster griffbereit.

7. Nostalgie

Der Wolf und die sieben Greislein

Der Wolf und die sieben Greislein sitzen so manchem Gremium vor. Sie sind geachtet und geschätzt – ein jeder durch sich selbst am meisten. Die Großmutter hat eine oscarunverdächtige Nebenrolle in dem Stück. Das hat Tradition, im Märchen wie im richtigen Leben und möglicherweise auch in der Ewigkeit. Das Ungewisse des nachtödlichen Aufenthaltsortes macht allerdings Hoffnung, obschon auch aus dieser Niederlassung von den »zwölf Ältesten mit Harfe« berichtet wird.
Die REIFE FRAU tut sich schwer, mit den Ältesten mit und ohne Harfe gleichzuziehen, muss sie doch ohne Vorbilder jahrhundertealter Prägung reifen. Über ihren Status in der Steinzeit ist wenig überliefert, sieht man von den massenhaft gefundenen Faustkeilen ab, die nicht für ihre Dominanz sprechen. Im Mittelalter hatte die Frau eine Lebenserwartung von nur ungefähr 30 Jahren, was auf die vielen Geburten und die unzureichende Geburtshilfe zurückzuführen war, wie die Chronisten berichten. Der männliche Part an der Menschwerdung kann auch zu damaliger Zeit nicht besonders lebensbedrohend gewesen sein, sofern man den Schlüssel zum Keuschheitsgürtel besaß, denn Männer brachten es immerhin auf durchschnittlich vierzig Jahre. Es ging also von der Pflückreife (voller Geschmack, volle Ausfärbung, höchster Wert) kopfüber in die Totreife. Wesentliche Verbesserungen sind auch von der beginnenden Frühzeit nicht zu berichten: Die zeitgemäße Züchtigung für weise, reife und Frauen überhaupt im 15. und 16. Jahrhundert war der Scheiterhaufen, etwas zu hohe Temperaturen für eine optimale Nachreife.
Ein paar herausragende Gestalten, die bewahrend und ausgleichend gewirkt haben, aber die zu selten waren, um prägend zu werden, schönen das Bild der Statistik nicht wesentlich auf.
Immerhin. Im frühen Mittelalter konnte es vorkommen, dass Frauen der Oberschicht oft gebildeter waren als ihre Männer, die vom Geschäft des Kriegshandwerks voll in Anspruch genommen waren und keinen Bock auf geistige Akrobatik hatten. Auch noch etwas später, in der ständisch geordneten Gesellschaft boten sich den Frauen durchaus berufliche Möglichkeiten: Sie trieben Handel und führten selbständig

Gewerbebetriebe, wenn sie nicht zu der zahlenmäßig breiten Unterschicht gehörten und arme Witwen waren oder sich als Mägde, deren Lohnniveau gewaltig unter dem der Knechte lag, verdingen mussten. Das wirklich eklatante Bildungsgefälle beginnt irgendwann im fünfzehnten Jahrhundert. Frauen blieben, bis auf wenige Ausnahmefälle, die Tore zu den damals entstehenden humanistischen Gymnasien verschlossen, wie das schon länger auch für Universitäten zutraf. Man investierte in die Tochter weniger Geldmittel als in den Sohn. Die Kosten eines Universitätsstudiums waren enorm hoch. Bafög war noch nicht erfunden und Stipendien, die Klerikerpfründe hießen, gab es nicht für Mädchen. Da Töchter sowieso heirateten und eine Aussteuer erhalten mussten, war es ökonomisch gesehen nicht ganz daneben, keine weiteren Mittel zu binden. Es war sozusagen die Geburtsstunde der Kosten-Nutzen-Rechnung. Und der Beginn einer beruflichen Laufbahn auf der zweitrangigen, assistierenden Ebene: Statt Arzt Krankenschwester, statt Professor Lehrerin, statt Richter Gerichtete. Eben von der Anhänglichkeit in die Abhängigkeit. Eine verhängnisvolle Entwicklung mit Ausläufern ins 20. Jahrhundert. Denn alle Mädchen einer gar nicht so fernen Zeit gingen allerhöchstens bis zum siebzehnten Lebensjahr zur Schule. Das galt als so überwältigend selbstverständlich, dass nur geradezu verwegene Töchter sich dem zu widersetzen wagten.

Die Benachteiligten schlagen zurück, könnte die Überschrift heißen zu einem Bericht über einen kreativen Mädchentag unter dem Motto: »Traut euch, macht was euch Spaß macht!«

Und sie trauen sich. Sie kommen zu Hauf. Und sie genießen den Nachmittag ohne Jungs: »Die jungenfreie Zone ist super. Nicht die übliche und üble Anmache, keine Schläge von Jungs, keine Repressalien. Alles geht viel besser, wenn keine Jungs da sind, die blöde Sprüche klopfen. Ohne Jungs im Zuschauerraum ist die Hemmschwelle, sich zu präsentieren oder etwas auszuprobieren, viel niedriger.«

Diese Aussagen hören sich irgendwie nach der Note ungenügend für ein gemischtes Doppel an. Ob dagegen ein »Oh, Maria hilf« – um unter sich zu bleiben, auch wirklich hilft?

Wieder einmal wird klar, dass die REIFE FRAU nicht Teil einer gigantischen Befreiungsarmee ist.

Auf jeden Fall bleibt ein Trost: Nichts ist von Dauer. Selbst die Ewige Ruhe endet auf kommunalen Friedhöfen nach zwanzig oder dreissig Jahren.

Im Rückwärtsgang zur Quelle der Reife

Erwischt vom leidenschaftslosen Lufthauch des gähnenden Klimakteriums blickt Margot rückwärts. Sie kramt in den Erlebnisschubladen und sucht den Umbruch, der schleichend aus der Frau eine reife machte.

War es damals?

Damals, als sie die Arbeitsstelle wechseln wollte und ihr der Patron statt mit Scheinen zu winken einen Zettel mit dem Satz »Bitte mir die Treue zu halten« in der Tastatur der Schreibmaschine versteckte? Damals sicher noch nicht. Solch einen naiven Erpressungsversuch hätte er mit einer wahrhaft reifen Frau nicht gewagt.

Damals vielleicht, als Ihre Vorderzähne einer tiefgreifenden Erneuerung bedurften? Der junge Assistenzarzt sich die erdenklichste Mühe gab, den Zahnersatz dem hingeschiedenen Original anzugleichen, mehr noch, sich schöpferisch betätigte, indem er versuchte, mit der Gebissumgestaltung eine Ähnlichkeit hin zu Catherine Deneuve zu bringen, wie er ihr immer wieder versicherte, als sie mit blankem Ober- und Unterkiefer kraftlos in dem Stuhl hing, von Eugen Roth treffend betitelt: »Nicht immer sind bequeme Stühle, ein Ruheplatz für die Gefühle.« Damals garantiert auch noch nicht.

Damals, als sie mit dem Wagen zum Kundendienst ging? Sie trug ein leuchtend rotes Kleid, das mächtig Dekolleté zeigte und an allen vier Himmelsrichtungen Schlitze aufwies. Damals wohl noch nicht. Der Kundendienstmann nahm lächelnd Fahrzeugpapiere und Schlüssel in Empfang, erledigte alles schnell und zuverlässig. Händigte Fahrzeug, Papier und Schlüssel persönlich mit verführerischem Strahlen aus und zog die Zeremonie wie ein levitiertes Hochamt in die Länge.
Fünf Jahre später. Wieder wird ein Kundendienst fällig. Das rote Kleid existiert noch immer. Mit gleich großzügigem Dekolleté und gleich tiefen Schlitzen. Margot zieht das erprobte Stück an. Es hat sich offensichtlich besser gehalten als die Trägerin. Denn das Interesse des Kundendienstmanns an Wagen, Papieren und Fahrzeugschlüssel übersteigt dasjenige an der Frau beträchtlich. Nach einer langen Wartezeit im Foyer des Autohauses, die ausreicht, alle aufliegenden Zeitschriften zu studieren und die Daten sämtlicher ausgestellten Fahrzeuge der Nobelmarke auswendig zu lernen, übergibt ihr ein Monteur, der deutschen Sprache unkundig, das Fahrzeug. Auf der Heimfahrt schlagen wegen zu fest angezogener Bremsen aus dem rechten Hinterrad die Flammen, so rot wie das Kleid.
Damals also bestimmt schon.

Damals wohl auch schon. Der Friseurtermin ist lange vorher vereinbart worden. Margot kommt pünktlich. Mit schiefen Mundwinkeln verkündet der Meistercoiffeur, es habe eine nicht vorhersehbare Verzögerung im Ablauf gegeben, sie müsse leider etwas warten. Sie schaut ihm nach, wie er sofort zur Wirkungsstätte zurückeilt. Sie betrachtet ein klein wenig betrübt das junge Gänschen, das er eingeschoben hat und nun balzend umtanzt. Margot beobachtet interessiert, mit den bereits gewaschenen Haaren in der Zugluft sitzend, das überwältigende Schauspiel der Balz. Damals also auch schon.

Und damals?

Margot steht allein in der Schlange am Skischlepplift an. Hübsch verpackt – verkleidet als Skihaserl. Hinter ihr warten drei junge Männer. Plötzlich löst sich einer aus dem Dreigespann und fragt »Darf ich mitfahren?« Sie wendet den Kopf nach hinten ...und hört das höllisch schadenfrohe Gelächter der Kameraden.

Mit einem »Ski Heil!« stößt sich Margot an der steilsten Stelle des Hangs seitlich ab und saust ins Tal, Die Jüngelchen ebenfalls, allerdings als Knödel ineinander verkeilt.

Damals also garantiert.

Margot ordnet Erlebnisse wie diese ein in die Kategorie der interessierten Blicke, die sie aus einem gewissen Abstand heraus treffen, die aber mit jedem näherkommenden Schritt die Neugier verlieren und im Vorbeigehen die Botschaft signalisieren: »Was, schon so alt?« und denen die Fähigkeit des Ultraschalls, ins Innere zu schauen, abgeht.

Klassentreffen

Nach einem ziemlich wirren Dialog mit sich selbst, in dem viel von Neugier, Lust auf Tratsch und Klatsch, und der Frage: Wer ist die Schönste im ganzen Verbund? die Rede ist, entschließt sich Sigrid, nach Jahren wieder einmal zum Klassentreffen zu gehen. Sie betritt das vereinbarte Lokal und bleibt verdutzt stehen. Sie hat sich geirrt. Sie ist in die Abendveranstaltung eines Seniorenstifts geraten. Sie macht kehrt, bleibt plötzlich wie festgenagelt stehen. Eine kreischende Stimme ruft ihren Namen. Sie erkennt die schrille Fanfare ihrer früheren Banknachbarin und begreift: sie ist hier richtig. Sigrid sieht sich umringt von lauter reifen Frauen.

Zentral erschrocken, sucht sie hinter angestaubten, antiken Fassaden und unter graublonden Haargebilden über Jahresringen nach Ähnlichkeiten; versteht überhaupt nicht, warum auch sie nicht sofort von allen erkannt wird.

Doch nach einer kurzen Zeit des Durcheinanderjohlens sind all die Typen wieder da: die frühere Nervensäge, die unverändert nervig geisttötend über alle herfällt und all denen, die sich nicht rechtzeitig in Sicherheit bringen, in epischer Breite ihre zahllosen Krankheitsgeschichten erzählt in immer wilderen Varianten bis hin zum Aufwachen in der Pathologie. Die frühere Streberin, die es auch im Leben weit gebracht hat und eine jede ein wenig blasiert fragt: und DU, was machst DU? und die Mundwinkel in dem Maße senkt, wie die Gefragte Durchschnitt geblieben ist. Die frühere graue Maus, die es auch zu was gebracht hat: zu vier Kindern und neun Enkelkindern und die mit nicht erlahmender Bereitschaft Stöße von Fotos ihrer zahlreichen Nachkommenschaft zeigt. Die frühere Angeberin, bei der auch heute alles wie am Schnürchen läuft, der Ehemann in einem Konzern den lieben Gott spielt und ein Schweinegeld verdient, die Kinder blitzgescheit sind und ebenfalls bereits auf den oberen Sprossen der Karriereleiter sitzen und die am Ende des Abends in sich zusammengesunken und heulend ihrer Nachbarin erzählt, dass es ihr Supermann mit seiner jungen, äußerst attraktiven Assistentin treibt und die Scheidung will, weil sie nicht mehr fähig sei, an seiner Welt der Macht teilzunehmen und die Kinder sie in die Abstellkammer gestellt haben. Verblüffung löst das ganz und gar unscheinbare Mädchen von damals aus, das die mickrigen Zöpfe zu Affenschaukeln hochgebunden hatte, nur gefragt zum Unterricht beitrug, allerdings immer mit richtigen Antworten, wie sich auf einmal Jede zu erinnern glaubt, und die auch hier nur auf Fragen von ihrem respektablen Beruf und ihrer harmonischen Familie erzählt. Sie habe nach der Geburt der Kinder studiert und das alles habe sie nur geschafft, weil sie sich auf das Verständnis und die tatkräftige Hilfe ihres Mannes verlassen konnte, sagt sie und lässt sich wieder in eine buddhistische Gelassenheit zurückfallen.

Sigrid blickt in die Runde und sucht was Frauen immer suchen: die Schönheit. Aus gegebenem Anlass diesmal die vielfach verheißene Schönheit des Alters. Sie sieht Gesichter, an denen man auf den ersten

Blick ablesen kann, wer noch etwas tut und wer sich nur noch ausruht, auch solche, die geprägt sind von Tagen, an denen es nichts anderes zum Festhalten gibt, als nervtötende Hausarbeit.

Nach einer gebührenden Zeit des Suchens denkt sie, dass es sich mit Schönheit des Alters so verhalten muss wie mit einem Lottogewinn: Jeder wünscht ihn sich, den Millionsten trifft er.

Kaum hat Sigrid das Kapitel der Schönheit des Alters mit einer gewissen Frustration abgehakt, bekommt sie es mit einem weiteren Phänomen zu tun. Ein offenkundig psychologisch geschulter, schmucker, junger Kellner legt beim Anblick so vieler Jahre sofort die gemeinnützige Scheibe auf fragt sie: »Nun, was wollen wir denn essen?« Sein kuhwarm-mildtätiger Blick signalisiert die Bereitschaft, jederzeit allen Anwesenden Sabberlätzchen umzubinden.

Trotz aller Verschiedenheit sind sich die Klassenkameradinnen einig, als es um das Menü geht. Sie ordern nicht das Haupt des Herodes in Cumberlandsauce. Nach einer Kleinigkeit nur steht ihnen der Sinn: Maskulines Gewaltpotential mariniert und garniert mit viel Ingwer zwecks besserer Verdaulichkeit – als Vorspeise.

Die Gespräche des Abends drehen sich mehr um Rentenfragen als um die Anzahl verschlissener Männer. Dazwischen immer wieder Lachsalven, ein abgeklärtes, befreites Gelächter. Junge Gesichter am Nebentisch wundern sich, was es unter der Bürde so vieler Jahre noch zu lachen gibt. Geradezu teuflisch laut erschallt es, als die Botschaft bekannt gegeben wird, dass ihnen die Welt gehört. Altersweitsichtig blinzeln sie durch die Fenster nach draußen. Was soll uns gehören? Die Welt? Welche Welt? Die erste, zweite, dritte – alles belegt. Die vierte Welt?

Gefühlvoll erzählte Stories von Hunden, Katzen, Pferden, Kanarienvögeln und Gummibäumen lassen den Eindruck entstehen, als sei der Mann an ihrer Seite von Flora und Fauna in die zweite Reihe verdrängt worden.

Anschriften von Wohnstiften werden gehandelt wie vor einigen Jahren die Namen erstklassiger Ferienhotels. Eine erste Adresse geht von Hand zu Hand:

Ein anspruchsvolles Haus mit besonderem Ambiente. Großzügige Wohnappartements, moderne Pflegestation und viele Gemeinschaftseinrichtungen für eine aktive Lebensfreude im Alter.

Besonders verblüffend ist die Kombination von »Pflegestation« und »aktiver Lebensfreude« und der lesende Blick sucht unwillkürlich nach einem angeschlossenen Bestattungsunternehmen »Ruhe Sanft« in Verbindung mit »Aktiv gewollter Lebensverkürzung«.

Sie sehen sich bereits umgeben von geschwätzigen, nicht mehr dichten Unbekannten, inmitten von menschlichen Trümmern, von Schläuchen angestochen und der Menschenwürde verlustig gegangen.

Steht uns das tatsächlich auch bevor? fragt sich die eine oder andere als sie die Zukunft unvorschriftsmäßig rechts überholt und plötzlich werden sie ein bisschen melancholisch. Ihre Stimmbänder tragen Angora-Unterwäsche. Sie überpinseln den Trauerflor der Abendröte mit fröhlicher Gelassenheit und wünschen sich zum Abschied: Bleibt gesund.

Größere Wünsche werden unter dem Ladentisch gehandelt.

8. Stammtischpalaver ohne Ende

Der REIFEN FRAU gehört die Welt?

Die Frage löst immerhin einen ungesicherten Rest von Neugier aus, eine kleine Sehnsucht unter der Schminkschicht, eine Vision des dialogfähigen Miteinanders, gar eine Spurensuche nach dem mutmaßlichen Glück, diesem wabernden, undefinierbaren Mysterium, das sich wie ein Spinnwebennest in Nichts auflöst, sobald mit einer Analyse begonnen wird und die Jagd danach sich als ein Stochern im Nebel herausstellt.

Nicht so für Professor Robert Worcester von der Londoner School of Economics. Er ist dem ungeklärten Phänomen nachgegangen und hat es offen dargelegt. Nach seiner Studie in vierundfünfzig Ländern leben die glücklichsten Menschen in Bangladesch. Dort bezeichnet sich eine Frau als glücklich, wenn sie nach zehn Stunden härtesten Schuftens im Straßenbau, mit den kleineren der Kinder am Lumpenzipfel, und nach Versorgung der restlichen Schar am Abend, von ihrem arbeitslosen Mann kräftig verprügelt wird. Beglaubigt ihr doch diese Zuwendung ein Bleiberecht in der dreckigen, stinkenden Unterkunft. Es kommt Verständnis auf für das Motto des Weltgebetstags der Frauen im Jahr 1999: »Gottes zärtliche Berührung« – wenn es irdisch zu viele Hiebe setzt. Hat die Bengalin – um bei den glücklichsten Menschen der Welt zu bleiben – keinen Mann, ist sie vogelfrei und dem Tod geweiht. Sie kann vergewaltigt, zur Prostitution gezwungen oder einfach getötet werden wie ein lästiges Insekt. Es interessiert nicht. Für die Wahrheitsfindung der These von der REIFEN FRAU, der die Welt gehört, ist die Slumbewohnerin allerdings insofern ungeeignet, als sie mit dreissig aussieht wie eine Greisin und mit vierzig sowieso an Tuberkulose, Cholera, Geschlechtskrankheit oder einfach an Erschöpfung stirbt. Nach kurzem Aufenthalt bei der Notreife geht es kopfüber zur Totreife. Der Gehirnforscher Detlef B. Linke stellt trocken fest: »Nicht das Herz, der Kopf ist der Sitz des Glücksgefühls«, und argumentiert, dass Glück zunächst nichts anderes ist, als ein neurologischer Reiz in der rechten Gehirnhälfte, da viel dafür spricht, dass Eros und Glück mit der Funktion des rechten Schläfenlappens in Zusammenhang stehen. Das Wort »Lappen« ist mit dem Werdegang der REIFEN FRAU eng verknüpft. Sie ist deshalb erleichtert, die Funktion des Schläfenlappens statt die des Topflappens für ihre Glücksgefühle haftbar machen zu können.

Hier enden die Überlegungen der REIFEN FRAU und lassen sie ziemlich verdattert zurück.
Nach kurzer Grübelei beruft sie ihren Stammtisch ein. Weggefährtinnen seit vielen, vielen Jahren. Allesamt reif geworden am Zick-Zack-Kurs der Zeit.
»Wir haben immer noch final zu klären, ob uns die Welt gehört.«
Die Runde bricht in infernalisches Gelächter aus.
Der Nachbartisch wird aufmerksam. Es wird vermutet, dass in der Frauenrunde schweinische Witze erzählt werden. Knapp daneben.
Als Antwort auf die befremdliche Frage der REIFEN FRAU kommen hinreichend bekannte »Krampfhennen-Aufschreie«:
»Hach. Wir werkeln pflichtbewusst in den Hinterzimmern des Lebens. Wacker, still und blass. Sehr zum Wohlgefallen für die, denen wir dienen und die eine kleine Beförderung befürworten, wenn ein knapp kalkulierter Schritt nach vorne partout nicht mehr zu umgehen ist. Das geht so lange, bis wir uns schließlich selbst zu langweilig, zu gewöhnlich finden und uns in Nebelschwaden zwischen Ich und Unter-Ich verfangen.«
Alltag eben. Und überhaupt. Ganz konkret jetzt:
»Ein Zustand, der schon seit Jahrtausenden existiert, hat gute Chancen, sich auch im nächsten Jahrtausend zu halten, sagen die Zukunftsforscher.«
Auf die delikate Verlautbarung hin mokiert sich der Stammtisch über die vielen schönen Gesetze zur Gleichstellung, die der großen Ungerechtigkeit in Familie und Gesellschaft den Garaus machen sollen, weil sie alle für die Katz sind. Weil viele davon die gleich eindrucksvolle Wirkung haben, wie sie ein Hufeisen unter der Matratze zur Behebung des Bettnässens besitzt. Gesetz zur Beteiligung an der Hausarbeit. Lächerlich. Solange es noch Kerle gibt, die sich bei der Weigerung der Ehefrau, seine Schuhe zu putzen, immerzu neue kaufen, bis die Angetraute endlich klein bei gibt und die Schmutzigen putzt, kann von Arbeitsteilung nicht gesprochen werden. Sofort weiß eine von einem Ehepaar zu berichten, beide berufstätig, die die Hausarbeit genau

aufgeteilt haben. Aber der männliche Teil einfach seinen Part nicht erledigt, weil es ihn nicht sonderlich stört, wenn Essensreste vom Fußboden grüßen oder das WC von den Spuren männlichen Stehvermögens den Duft einer öffentlichen Bedürfnisanstalt ausströmt. Bis dann eben die mit den schwächeren Nerven den Saustall nicht mehr sehen kann und ratz-fatz die Chauvi-Falle zuschnappt.

»Dem Patriarchat einmal Hölle einfach oder ab mit den Supermachos ins Umerziehungslager. Und für die mit einer Narziss im Knopfloch eine Verlängerungswoche gratis,« ruft eine andere in der Runde und nimmt einen Schluck vom Hopfensaft zur Stärkung der Nerven.

Am Nachbartisch sitzt ein Mann, bei dem die Natur die unentbehrlichste Menge an Fleisch und Knochen aufgewendet hat, um das Ganze unter die menschlichen Gestalten reihen zu können. Mit funkelnden Grillenaugen und mit ständig zuckenden Muskeln seines gelblichen Gesichts bellt er seinem Nachbar zu: »Proben die Schrumpftomaten dort den Aufstand?«

Die Stammtischschwestern überhören vornehm die Breitseite. Sie ratschen ungeniert weiter und entsetzen sich über gottgefällige Frauen, die ihren Männern morgens die Zahnpasta auf die Bürste schmieren, die Kleider herauslegen, und was devoter Gunstbezeugungen mehr sind; wundern sich über Frauen, die immer noch nicht die Nase voll haben von der gebückten Haltung, obwohl sich diese schon rein anatomisch hervorragend dazu eignet, eins übergebraten zu bekommen. Und werden gehässig. Auf nicht zu überhörende Weise unbußfertig: »Klar doch. Jeder Mann wünscht sich eine Frau wie Mutter Theresa, die aussieht wie Claudia Schiffer, sexy ist wie Iris Berben und erfolgreich wie Heide Simonis und die langmütig zusieht, wie er jahrzehntelang die Wohnräume mit einem Vier-Sterne-Hotel verwechselt und mit der allergrößten Selbstverständlichkeit den Room-Service in Anspruch nimmt. Hat euch übrigens schon mal jemand morgens die Kleider heraus gelegt? Das Totenhemd wird wahrscheinlich die erste Fürsorge dieser Art sein.«

Unter heftiger werdenden Zuckungen schnarrt der Schwefelgelbe laut in die Gegend: »Was woll'n die Alten eigentlich? Sie soll'n froh sein, dass sie nicht jedes Mal den Frack voll kriegen, wenn sie frech werden, wie es guter, alter Brauch ist« und fährt fort in den Bemühungen, den

Grund seines Bierglases bloßzulegen. »Richtig, jede dritte Frau muss sich von ihrem Mann verprügeln lassen, weil sie kleine Kinder hat und finanziell von ihm abhängig ist. Womöglich muss sie den Kopf bei der mirakulösen Liebesbezeugung noch in einer geringen Schräge der Demut halten, damit der Zorn des Kampfhahns nicht noch mehr angestachelt wird.«

»Ja. Richtig. Und das ist dann der Boden, auf dem ein talkender Psy zum Thema Starke Frauen öffentlich-widerrechtlich ejakulieren darf: Der Mann muss die Frau genital besitzen, um sich als Mann zu fühlen.«

Alles Antworten auf die Attacke des spindeldürren Verfechters der Prügelstrafe.

Weil vielversprechende Anfänge kein großes Geschrei dulden, erzählt sich der Stammtisch mit abgehängten Stimmbändern von den neuen jungen, engagierten Vätern, von denen sich einige wenige sogar Vaterschaftsurlaub nehmen. Manche davon es aber dann nicht lassen können, anschließend medienwirksam bekannt zu geben, wie erfüllend die Eia-popeia-Welt sei. Sehr beliebt ist diese Aufdeckung in Talkshows und mit heißen Backen wird von der unglaublich fordernden, nervenaufreibenden, kräftezehrenden Aufgabe der Kindererziehung berichtet. Öffentlich verschwiegen wird, wie praktizierende Väter jeden Abend erschlagen in die Falle sinken, ohne kräftemäßig in der Lage zu sein, der heimkehrenden Erfolgsgattin mehr als eine knochentrockene Käsestulle vorzusetzen. Diese Wahrheit nun bringt nur die Petze einer dieser Erfolgsgattinnen an den Tag. Spätestens nach drei Jahren kehren die Vaterschaftsurlauber in den Beruf zurück.

In Hörweite zum Stammtisch sitzen zwei pferdebeschwanzte und ohrberingte Männer aus der unscharfen Phase zwischen jung und alt. Einer der beiden, dem die Quelle des Schwanzes weit hinten auf seinem Kopf sprießt und ihm eine ganze Menge gebräunter Stirnansicht verschafft und der bereits eine Weile neugierig der nachbarlichen Diskussion zuhört, sagt laut zu seinem Nebensitzer:

»Gott, ist das anstrengend, das sich voll in die Geburt einbringen, sich aktiv an Presswehen beteiligen müssen und das ständige Diskutieren über Gefühle und Betroffenheit. Immer musst du betroffen sein, sonst bist du ein unsensibler Saukerl. Bei jeder Kleinigkeit spielen sich die

Weiber auf wie ägyptische Rachegöttinnen und du bekommst den Satz an den Kopf geworfen: Scher' dich zum Teufel, ich zieh' die Kinder allein groß.«

Der andere, mit schwarzen Augen so groß wie Eierbriketts, nickt gespielt beklommen und antwortet:

»Früher, da hatten wir gute Rezepte und keine Hemmungen und ein Dauerabonnement auf die Dominanz. Da siehst du mal, wo das hinführt, wenn das Lärmen mit den Insignien der Macht seine Wirkung verliert. Scheiße. Aber eines Tages drücken wir wieder auf die Tube und sind abermals oben.« Sie packen ihre Gläser und fahren fort, sich an Alkohol und Selbstmitleid zu betrinken.

»Wahrscheinlich halten sie uns für eine Guerillatruppe der Libertinage«, sagen die Stammtischschwestern. Unbeeindruckt lassen sie das machoide Plumpsklo hinter sich. Als Ohrenzeuginnen einer historischen Kundgebung aber halten sie fest, dass sie das Bravsein endlich den Himmlischen Heerscharen überlassen sollten, auch wenn es in der Bergpredigt heißt: Selig sind die Sanftmütigen, denn sie werden das Land besitzen. Tatsache ist nun mal, dass sie auch zweitausend Jahre nach Verkündigung der Bergpredigt außer dem Niemandsland keine weiteren Liegenschaften besitzen. Die gebückte Haltung gehört ins Lager der Auslaufmodelle. Leider muss es so hart gesagt werden, denn fünfzig Prozent der Frauen erledigen weltweit etwa zwei Drittel der Arbeit für ein Zehntel des Welteinkommens.

»Die gängige Erklärung dazu lautet: Es liegt in unserer Natur. Wir können gar nicht anders. Denkste! Vielleicht sollte die Mater Dolorosa, die gebrochen in der Kaffetasse rührt, endgültig dort abgelegt werden, wo sie hingehört: in die Requisitenkammer des frauenzimmerlichen Kreuzwegs. Oder sollen wir bis in alle Ewigkeit immer nur ausführen, was ohne uns beschlossen wird?«

Biergläser trommeln auf den Tisch.

Der verhinderte Teufelsaustreiber am Nebentisch wird dadurch jäh aus der alkoholischen Nebelschwade gerissen. Laut lallt er:

»Diese gottverdammten, angerosteten Emanzen gehören solange in einen sibirischen Steinbruch, bis ihre Gehirnkästen ausgefurzt haben.« Nach diesem verbalen Kraftakt geht sein Kopf mit der Tischplatte eine längerwährende Verbindung ein.

Für die Angepflaumten wieder mal ein Beweis, wie Männer ständig ihre Hand am Hahn mit den weiblichen Angsthormonen haben und nach Bedarf daran drehen. Diese Erkenntnis fordert sie zu Planspielen vom Durchstarten heraus: Egal ob reif, halbreif oder unreif. Wer es satt hat, lediglich in Berufen wie Therapeutin für verhaltensgestörte Mauerasseln unbehindert reüssieren zu dürfen, wer es satt hat, Verstand und Talente in einer in sich geschlossenen Warteschlange verpuffen zu sehen, wer mitbestimmen, verändern, begradigen, beschneiden will, die Menschlichkeit in Wirtschaft und Gesellschaft fördern will, scheint keine andere Möglichkeit zu haben, als an die Schalthebel zu gelangen. Die kuschelige Parole: Wer Dich nicht respektiert, dem polier' die Fresse oder erledige das Problem über Kimme und Korn, muss ja nicht übernommen werden. Nur leider, leider. Zu glauben, mit einer Schlüsselblume das Vorzimmer zum Zentrum der Einflussnahme aufschließen zu wollen, ist gewaltiger Irrglaube. Darin sind sie sich einig.

Denn: Die Wirklichkeit gibt's, und die ist allen bekannt. »Soviel ist kürzlich einem Politiker zum Thema eingefallen. Einem, der sich zu den ganz Großen zählt,« weiß eine in der Runde zu berichten. »Die Worte sind vieldeutig, die Argumente verzwickt, die Bedeutung unklar. Ich würde sagen, der Mann ist reif für einen Urlaub im Raumschiff Mir. Denn anstatt etwas Brauchbares zu beschließen, wird die Zeit mit vergeblichen Bemühungen zugebracht, klüger zu erscheinen als es den Tatsachen entspricht. Es ist wirklich verflixt schwer, gegen jahrhundertealte Vorurteile anzukämpfen. Die alten römischen Langweiler hatten das Frauen-nach-hinten-System bereits gut drauf. Geradezu zukunftsweisend ließ ja Tacitus die Bataver (germanischer Volksstamm) am Ende ihres Aufstandes gegen die Römer sagen, nachdem mit der klugen und politisch engagierten Seherin Veleda verhandelt worden war: Wir wollen lieber die römische Befehlsgewalt als eine Weiberherrschaft ertragen. Knallhart, diese batavischen Knilche. Es bringt nicht die Bohne, die Münder zu einem lautlosen Schrei zu öffnen. Auch mit Baldriandispert kommt man da nicht weiter. Und eine Flasche Himbeergeist ist ebenfalls keine Lösung.«

Da mischt sich plötzlich die Bedienung ein, die gerade Nachschub bringt.

»Wie sattsam bekannt, fing das ja auch schon gut an mit unserer Gattung. Die Germanen haben dann das Handling mit uns vollends auf ihre Bedürfnisse zugeschnitten. Damals ging die Frau vom Eigentum des Vaters nahtlos in das des Ehemannes über. Sehr praktisch, das Ganze. Bei einer germanischen Muntehe (Munt war im germanischen Recht ein familienrechtliches Vertretungs- und Schutzverhältnis) machte der Bräutigam den Erwerb der Munt durch rechtsförmliche Handlungen – Kniesetzung, Fußtritt, Handergreifung – über die Braut offenkundig. So lausig ging es dann halt weiter. Am Beispiel ungleicher Rechtslage im Langobardenrecht bei Ehebruch. Darauf stand der Tod; nur bei der Frau. Ein beteiligte Ehemann kam mit Klapsen davon. Alles klar?« Sie fügt gleich noch hinzu, dass sie hier nur jobt und eigentlich Germanistik und Geschichte studiert und lacht gallig dazu: »Die totale Pleite, so ein Studium der Geisteswissenschaften. Es bringt in der Praxis nicht die Butter aufs Brot, geschweige denn die Trüffel in die Sahnesauce. Na, ja, ich kann mir ja immer noch so einen stinkreichen alten Knacker anlachen. Für den sittlichen Halt.« Und sie schwenkt ab zu den Pferdeschwänzen, die bereits rote Ohren vom Lauschen haben. »Da seht ihr mal. Das war echte Grundlagenforschung. Ein neuerlicher Beweis dafür, warum uns das maskuline Establishment einen niederen Cash-Flow so zu erklären versucht, dass er wie die Verweigerung der Liebe Gottes rüberkommt. Spätestens dann wird dir der Unterschied zwischen Business und Bastelstunde klar. Da kann man ja nur staunen, Da kann man ja nur in die Lehre gehen. Aber dazu braucht man eine gewisse Schauspielkunst, wie sie uns an Rednerpulten so oft geboten wird. Das Ganze wirkt wie der Zank homerischer Helden. Praktischerweise sollte unsere Teilnahme am Wettbewerb auch noch an handwerkliches Geschick gekoppelt sein. In den Führungsebenen der Wirtschaft sind die Holzhacker-Buam in der Überzahl. Wer am schnellsten sägt hat gewonnen und darf Milliarden in den Sand setzen und sich auch noch damit brüsten und bleibt trotzdem an der Spitze, weil er den schwäbischen Stern für den von Bethlehem hält. So einfach geht das. Der Mann hätte von der Pieke auf lernen müssen, mit Geld umzugehen; einen 4-Personen-Haushalt mit zweitausend Mark netto zu schmeissen und Preisvergleiche am Beispiel zwei- oder dreilagigen Toilettenpapiers anzustellen.«

»Aber Vorsicht. Denn die Zähmung einer aufmüpfigen Lady bietet hohen Unterhaltungswert.«
»Mal ehrlich: Würde es dir denn nicht auch Spass machen, dir von einem sogenannten testosteronarmen Schwein den Kaffe kochen zu lassen, während du über die Anhebung des Leitzinssatzes verhandelst?« Dem riesigen Gelächter folgt nach angemessener Pause eine Gewissenserforschung.
»Wenn wir fair sein wollen, so müssen wir zugeben, dass bei Frauen untereinander ja nun auch nicht alles so rund läuft. Mit Häme nämlich wird unser zuweilen unreifes Gerangel verfolgt und kommentiert. Eine Bande von geifernden, in sich zerstrittenen Furien sind wir, wird gesagt. So wie wir die Dinge angehen, ist es stinklangweilig, wird gehetzt. Wir sind nicht in der Lage, zwei Dinge gleichzeitig zu machen, nämlich zu denken, schon gar nicht logisch, und zu handeln, wird gesagt. Naturwissenschaftliche Nullen sind wir, wird gelacht. Unser Interesse gilt mehr den Horoskopen als den Börsendaten, wird polemisiert. Nicht mal fähig, Geschlechtsgenossinnen in Führungspositionen zu hieven, wie es bei dem zuchtvoll geschlossen-verschwiegenen Mannestum der Brauch ist, wird geschrieben. Wir hätten keinen Mut dazu, in die geschaffene Rechtslage couragiert einzusteigen, auch wenn die Nummer noch Luft hat, wird spöttisch kommentiert. Wir wollen nicht wirklich in höhere Positionen, weil wir Angst vor den täglichen Auseinandersetzungen und Bewährungsproben im Arbeits- und Privatleben haben, wird gedruckt. Keine Verantwortung übernehmen wollen wir, wird getönt.«
»Nun ja, eine unpräzise Mischung zwischen Dichtung und Wahrheit.«
»Man könnte es auch so ausdrücken: Für die mannigfaltigen Einfälle, die uns daran hindern, dort hinzukommen, wo wir hin wollen, sollte man die Hintertreiber für den Innovationspreis der Deutschen Wirtschaft vorschlagen.«
Auf einmal spricht der mit den Eierbriketts wieder, diesmal nicht in den Raum, sondern mit etwas abwärts geneigtem Kopf, als spräche er zu einem treuen Bernhardiner: »Alles war so verdammt einfach für uns. Wir mussten keine Körner essen, durften überall rauchen und waren unangefochten, weil wir ohne Nachweis erbringen zu müssen, alle Privilegien hatten.«

»Merkt Ihr was? Die wollen uns als Ekelpaket vorführen. Nicht zu fassen, diese Einbildung, wenn man all die Kameraden anschaut, die in den Konzernverwaltungen wie Leuchter herumhängen, schon jahrelang nicht mehr als Lichtquelle gebraucht werden und nur noch der Dekoration dienen – was bildlich gemeint ist -, es aber verstehen, ihr Festkleben sofort in den Rang einer diplomatischen Glanzleistung zu erheben.«

Lachsalve. Die beiden beschwanzten Ohrringe lachen mit. Einer besonders. Noch immer lachend spricht er nun den Stammtisch direkt an:

»Und wie unbemerkt mittelmäßig konnte man im Job oben bleiben, musste nicht ständig Angst haben, von einer Frau überholt zu werden, weil ihnen nicht ununterbrochen eingeredet wurde, sie hätten ein Recht auf Gleichbehandlung im Beruf.«

Der Inhaber der Eierbriketts scheint nicht nur an der Thematik interessiert zu sein. Er flirtet ziemlich erfolgreich mit der Apartesten in der Damenrunde, was sofort einen spitzen Einwurf hervor ruft:

»Ich dachte, das hätten wir im Griff. Beim Auftauchen einer interessanten männlichen Erscheinung muss es ja nun nicht mehr sein wie beim Einlaufen eines Autos an einer Formel 1 Box, wo alles in hektische Bewegung gerät. Im Übrigen hat uns der männliche Sexcheck längst als gebrauchsunfähig aussortiert. Was soll's. Endlich können wir unsere Brustwarzen hängen lassen, bis sie Kniekontakt haben. Zum Trost werden sie dann eben in Brüsseler Spitzen verpackt.«

Als das Gekreische abklingt, wirft die Aparte etwas kokett in die Runde: »Was soll diese Resignation. Nicht alle Nervenausschläge im Lendenwirbelbereich sind in unserem Alter arthritischen Ursprungs.«

Der Einwurf zieht eine gehörige Menge ironischer Kommentare nach sich. Bis schließlich eine ruft:

»Schluss jetzt mit der Flirterei, sonst sitzen die beiden gleich an unserem Tisch«.

»Warum eigentlich nicht? Wäre das nicht ein vielversprechender Anfang für ein Miteinander? Statt sich gegenseitig zu zerfleischen, ließe sich die Chancengleichheit gemeinsam allemal wirkungsvoller neu tapezieren und ein oder zwei »Unternehmerinnen des Jahres« müssten nicht einsam die Gleichstellung markieren.«

Kein Einspruch, diesmal.

»Trotzdem irgendwie traurig. Findet ihr nicht auch? Jetzt haben wir stundenlang gequatscht und wissen immer noch nicht, wie man Familie, Haushalt und Berufstätigkeit unter einen Hut bringt und dabei noch fabelhaft aussieht. Seither funktioniert das am Besten in flott geschriebenen Bestsellern, auf der Mattscheibe und im Theater, wobei man sich langsam zu fragen beginnt, wie lange diese eintönige Supererfolgssträhne all dieser Supererfolgsfrauen noch andauern wird. Diese Schönfärberei übertrifft die kühnsten Phantasien einer Frau Schwarzer und ist von der Wirklichkeit so weit entfernt wie der Schuhplattler vom Pas de deux.«

»Man braucht eine sehr emanzipierte Familie, einen sehr, sehr emanzipierten Mann und einen toleranten Chef, noch besser eine einsichtige Chefin, das sagen alle, die es geschafft haben.«

»Mit uns ließe sich das Experiment wagen«, rufen die Pferdeschwänze und setzen sich zwischen die Frauen.

Thaddäus Troll (schwäbischer Schriftsteller) hat es wohl auch gewusst, dass der REIFEN FRAU nicht die Welt gehört und überreicht ihr als Trostpreis für entgangenen Besitz einen Blumenstrauß:

»Jugend und Schönheit sind nicht identisch, aber sie schwinden gemeinsam, wenn eine Frau der enteilenden Jugend dumpf nachweint, sie gar noch künstlich vorzutäuschen sucht. Versteht sie es hingegen, mit Anmut älter zu werden, so wird ihre Schönheit vom Alter unabhängig. Wie anmutig kann eine Greisin aussehen, zart, ein wenig zerbrechlich, fast entmaterialisiert, wie schön können diese wissenden Augen sein, wenn der Blick die Umwelt schon abweist.

Fragte mich eine Frau nach kosmetischen Tips, so empfähle ich ihr nicht nur Tinkturen und Sälbchen, eine schlanke Figur, eine gute Haltung, graziöse Bewegungen. Ich warnte sie vor der Trägheit und vor der Bitterkeit. Ich riete ihr, gütig zu sein, ein wenig zu flirten, ihre Interessen zu kultivieren, mit klugen Menschen umzugehen, Kontakt zu den Musen zu pflegen. Sehr viel zu lachen, auch wenn das Fältchen geben sollte.«

Von der REIFEN FRAU zur Greisin ist ja nun immerhin ein ordentliches Stück Weg zurückzulegen und da hat noch eine Menge darin Platz. Übrigens hat der um REIFE FRAUEN bemühte wackere Schwabe ganz vergessen zu erwähnen, dass man vom Berg der gelebten Jahre eine sehr gute Übersicht hat. Und mit jedem Jahr, das dazukommt, kann da die Aussicht nur besser werden, auch wenn das Augenlicht schlechter wird, und von oben hört sich das Schlachtgetümmel aus der Niederung sehr gedämpft an, aber das kann nun wieder mit echter Schwerhörigkeit zu tun haben.

Nun gut, sagt sich die nach der Lektüre dieser Satire chemisch gereinigte REIFE FRAU, was brauche ich die Welt, es genügt, wenn ich mir selbst gehöre. Sie greift dem Patriarchat in die Tasche, wickelt ihre Probleme in Seidenpapier und schenkt sie der Gesellschaft zum Internationalen Frauentag, dem es vielleicht auch ohne Beitrag der Rechtschreibreform gelingt, aus der weißen wieder eine weise Frau zu machen.

Als diese kann sie schmunzelnd zusehen, wie eine »Girlie-Truppe die Helden lässig nach Wallhall schubst«.

Weitere Titel aus dem

ISBN: 3-9803897-9-0
Umfang: 192 Seiten,
Preis: DM 24,80
öS 194,00
sFr 24,80

ISBN: 3-9803897-1-5
Umfang: 192 Seiten,
Preis: DM 29,80
öS 232,00
sFr 29,80

ISBN: 3-9803897-0-7
Umfang: 144 Seiten,
Preis: DM 24,80
öS 194,00
sFr 24,80

ISBN: 3-9803897-5-8
Umfang: 168 Seiten,
Preis: DM 29,80
öS 232,00
sFr 29,80

GATZANIS Verlagsprogramm

ISBN: 3-9803897-6-6
Umfang: 168 Seiten,
Preis: DM 29,80
öS 232,00
sFr 29,80

ISBN: 3-9803897-7-4
Umfang: 192 Seiten,
Preis: DM 24,80
öS 194,00
sFr 24,80

ISBN: 3-932855-00-0
Umfang: 168 Seiten,
Preis: DM 29,80
öS 232,00
sFr 29,80

ISBN: 3-932855-03-5
Umfang: 244 Seiten,
Preis: DM 36,00
öS 252,00
sFr 36,00

GATZANIS Humor

ISBN: 3-932855-01-9
Umfang: 96 Seiten,
Preis: DM 19,80

Gatzanis Verlags-GmbH
Wildunger Straße 71
70372 Stuttgart
Tel   0711 / 9 64 05 70
mobil: 0171 / 176 42 77
Fax 0711 / 9 64 05 72
Internet: www.gatzanis.de
E-Mail: gatzanis-verlag@t-online.de

Bestell-Coupon
Bitte ausschneiden und einsenden an
Gatzanis Verlags-GmbH, Wildunger Straße 71, 70372 Stuttgart,

Hiermit bestelle ich:

Stück	Titel	ISBN	DM
	Der Geist ist willig...	3-9803897-0-7	24,80
	Klitoral, vaginal, ganz egal	3-9803897-1-5	29,80
	Sex-mal um den ganzen Globus	3-9803897-5-8	29,80
	Gestatten: Callgirl...	3-9803897-6-6	29,80
	Wie es euch gefällt	3-9803897-9-0	24,80
	Ex Callgirl: Mein lustvolles...	3-932855-00-0	29,80
	Seele im Spagat	3-9803897-7-4	24,80
	Körbchenvoll	3-932855-03-5	36,00
	Frau Kächele & Frau Peters	3-932855-01-9	19,80

Für Lieferungen ins Ausland, bitte die Bezugsbedingungen erfragen.

Zahlungsweise:

☐ Ich füge 1 Post /Bank-Scheck bei über
   DM_____+ 6 DM Versand

☐ Lieferung per Nachnahme, NN-& Versandkosten will ich tragen.

_____
Name, Vorname

_____
Straße, Nummer   Postleitzahl, Ort

_____
Telefon? (Falls Rückfragen)   Meine Unterschrift